Köyhäinhoidosta Soteen

Suomen Sosiaali- ja

terveydenhuollon kehityksen

lyhyt historiallinen katsaus

Kaija Suonsivu

Köyhäinhoidosta Soteen.
Suomen Sosiaali- ja
terveydenhuollon kehityksen
lyhyt historiallinen katsaus

Köyhäinhoidosta Soteen.

Suomen Sosiaali- ja terveydenhuollon kehityksen lyhyt historiallinen katsaus

Kaija Suonsivu

Tekijä on saanut Suomen tietokirjailijat ry:n apurahan

Kustantaja: BoD · Books on Dermand GmbH, Helsinki, Suomi

Kirjapaino: Libri Plureos GmbH, Hampuri, Saksa

ISBN: 978-952-80-8305-4

Lukijalle

Tämän kirjan tarkoituksena on kuvata Suomen sosiaali- ja terveydenhuollon kehittymistä historian eri vaiheissa 1800-luvun lopulta 2020-luvulle muutamista kiinnostavista näkökulmista.

Kirjan ensimmäisen osion lähtökohtana on kansalaisten sairauksien hoidon ja sosiaalityön, sosiaali- ja terveydenhuollon järjestelmien, eri lakien ja poliittisen päätöksenteon kehitysvaiheet 1950-luvun alkuun. Yhteiskunnalliset olot, tietous erilaisista sairauksista ja niiden hoitamisesta, ihmisten köyhyydestä, sota-ajoista sekä ihmis- ja maailmakäsityksistä, yhteiskunnallisista ja yksilöiden arvoista sekä uskontojen vaikutuksista ja hallinnasta ihmisten ajatteluun ja elämään ovat historian moninaisuuden ytimissä. Aikakauteen sisältyvät Suomen olot muiden maiden alaisuudessa sekä itsenäistyminen.

Kirjan jälkimmäisessä osiossa tarkastelen Suomessa 1950-luvulta aloitetun hyvinvointiyhteiskunnan rakentamisen myötä sosiaali- ja terveydenhuollon järjestelmien kehittämisvaiheita, kansalaisia ja henkilöstöä koskevien lakien, suositusten ja ohjeiden kehittämistyötä, alan organisaatioiden, henkilöstön asemaa ja hyvinvoinnin kehittymistä sekä yhteiskunnan tasolta alue- ja organisaatiotasoille rantautumisen kehittymistä 2020 -luvulle Soten-järjestelmän uudistukseen asti. Kun yhteiskuntamme ja meitä ympäröivä maailma elää monissa kriiseissä ja pelkotilamme voivat lisääntyä, on tärkeää tarkastella sosiaali- ja terveydenhuollon järjestelmien kehittämisvaiheita osana yhteiskuntamme historiaa ja kehittymistä. Tärkeintä on huomata, että kansalaisia ja henkilöstöä koskevien terveyden hoidon, sairauksien ennalta ehkäisyn, sairauksien hoitamisen, lakien ja suositusten nykyaikaistuminen ovat eri vuosikymmeninä luoneet ja vahvistaneet perusturvallisuuttamme ja moninaistaneet selviämiskeinoja. Olemme ratkaisseet monia ongelmia, käyneet sotia, hoitaneet laajoja sairauksia ja pandemioita monesti köyhyyden vallitessa. Suomalaisten esi-isiemme ja esiäitiemme pitkäjänteisyys ja sisukkuus ovat olleet jaksamisen keskiössä.

7

Historian tarkastelun tulisi antaa meille ajatuksia ja keinoja siitä, miten nykyisistä terveyden ja sosiaalityön ongelmista selviämme ja ylläpidämme tulevaisuuden toivoa.

Yksi keskeinen nykyinen ongelma on terveyden- ja sosiaalihuollon henkilöstön riittämättömyys tarpeisiin nähden ja henkilöstön jaksamattomuus. Ongelmista tiedetään yhä enemmän, uusia keinoja ja menetelmiä kehitetään, mutta näyttää siltä, että henkilöstö väsyy ja voi pahoin yhä edelleen ja yhä enemmän? Terveydenhuollossa on työtä runsaasti ja vallitsee ainainen kiire. Voidaankin kysyä, pitikö kehittää nykyinen Sote-järjestelmä? Pystytäänkö nykyisessä organisaatiomallissa huomioimaan asiakkaita ja henkilöstöä? Missä tilassa ovat organisaatioiden johto ja toiminnat? Miten talousarvio ja muut resurssit tukevat työtoimintaa? Millainen on Soten aloittamisen myötä poliitikkojen valta, vastuu ja tietous sosiaali- ja terveydenhuollosta?

Kirjoittaessani tätä kirjaa ovat esillä ajankohtaisina asioina lasten ja nuorten sekä köyhtyneiden perheiden ja monien vanhusten pahan olon ilmentymät. Monet hallituksen tekemät talouden leikkaustoiminnot ja aikeet budjettien supistuksista aiheuttavat eripuraisuutta eri kansanryhmien välillä.

Kirjan kirjoittamisen taustalla näkymättömänä punaisena lankana on pohdintani siitä, välittyykö eri vuosikymmenien kehityskuvauksissa yhteiskunnallinen yhtenäisyys Suomessa? Ajan kuvauksissa köyhien ja rikkaiden erot näyttäytyvät monin eri tavoin. Yhteiskunta oli kahtia jakautunut monilla ajanjaksoilla. Millainen on nykyisyytemme? Vaikuttaisi siltä, että teemme jälleen paluuta historialliseen kahtiajakautumiseen. Miten tässä tilanteessa näyttäytyy kansalaisina toisistamme välittäminen ja sivistyneisyys? Tarvitsemme toisiamme arjen toiminnoissa. Miten voimme vahvistaa ajan saatossa ihmisyytemme ydintä?

Tampereella, kauniin Näsijärven rannalla kesällä 2024.
Kaija Suonsivu

Sisältö

1800- 1900 lukujen taitteen huutolaisuus Suomessa

1800- ja 1900-lukujen taitteessa Suomessa ja muualla maailmassa yhteiskunta kohtasi monia haasteita, kuten huutolaisuuden ja erilaisten sairauksien leviämisen. Tässä luvussa kuvailen ensin huutolaisuuden ilmiöitä ja niiden vaikutuksia sekä toiseksi huutolaisuuteen liittyvien sairauksien ja pandemioiden, kuten koleran, malarian ja lepran yleisyyttä kansalaisten keskuudessa. (Halmekoski 2011.)

Huutolaisuuden taustalla oli Suomessa yleinen köyhyys. Kuntien vähäiset sosiaaliturvajärjestelmät aiheuttivat sen, että köyhistä, sairaista, kehitysvammaisista ja orvoista huolehtiminen oli puutteellista. Huutolaisuus oli Suomessa 1800-luvun alusta 1900-luvun alkuvuosikymmenille saakka voimassa ollut järjestelmä, jossa kunta luovutti huutokauppaa muistuttavassa tilaisuudessa 28.12. elatusta vailla olleen lapsen tämän ylläpidosta vähiten rahaa vaatineelle perheelle tai henkilölle. Lasten lisäksi saatettiin myydä myös vanhuksia, sairaita tai kehitysvammaisia. Järjestelmä lopetettiin virallisesti vuonna 1923 voimaan tulleen köyhäinhoitolain myötä. Tästä huolimatta viranomaiset järjestivät huutokauppoja vielä 1930-luvulla, koska lain valvonta oli lähes olematonta. Viimeinen varmuudella pidetty huutokauppa järjestettiin Suomessa vuonna 1935. Varsinaisten huutokauppojen vähitellen loputtua, jatkettiin lasten sijoittamista perheisiin rahaa vastaan kuitenkin vielä 1940-luvullakin. Pienen korvauksen ja puutteellisen valvonnan vuoksi huutolaisen ylläpito oli usein huonoa ja hänellä saatettiin teettää paljon töitä. Erityisesti maaseudulla he joutuivat raatamaan talon töissä orjuuden kaltaisissa olosuhteissa ja usein huutolaislapsia myös kohdeltiin erittäin julmasti ja pahoinpideltiin. (Halmekoski 2011.)

Huutolaisiksi joutuivat siis usein kodittomat lapset, vanhukset ja sairaat. Kunta oli velvoitettu maksamaan heidän elatuksestaan sijoituskodeille. Erityisen räikeäksi hoitomuodon teki motiivit, minkä vuoksi huutolainen oli huudettu. Tavallisesti talolliset huusivat lapsia, joista tuli työvoimaa. Köyhät taas huusivat sairaita ja vanhuksia, joiden pitämisellä oli mahdollisuus hankkia lisätuloja ja verorahoja. Hoidokin antaminen vähiten pyytäneelle oli sallittua.

Päämääränä oli usein sijoittaa huutolaiset hyviin koteihin, mutta monesti vaihtoehdot olivat vähissä. (Nurmi 2005.)

Terhi Nurmi (2005) on tutkinut pro gradu-tutkielmassaan: "Elämää huutolaisena. Elämäkerrallinen tutkimus kahden huutolaislapsen elämästä" kahden huutolaislapsen elämää 1900-luvun alkupuolen Suomessa. Tutkimuksen tavoitteena oli selvittää, kohdeltiinko huutolaislapsia samanarvoisesti kuin muita lapsia kouluympäristössä ja sijoituskodeissa, miten huutolaislapsi koki elämänsä sijoituskodeissa ja millaisia vaikutuksia lapsuuden kokemuksilla on jäänyt heidän myöhempään elämäänsä. Lisäksi Nurmi tarkastelee syitä, jotka olivat johtaneet tutkimukseen osallistuneiden huutolaisiksi joutumiseen.

Huutolaisena kasvaneena oli kokemuksia kotitöiden paljoudesta, ruumiillisesta kurituksesta ja hellyyden puuttumisesta. Toinen huutolaisena ollut kertoi "lapsuutensa olleen melko tavallisen. Hänen ei tarvinnut osallistua kotitöihin. Aineellisesti hänen elämänsä oli turvattu". Koulumaailma oli epäarvoisempi. Sijoituskodit olivat siis hyvinkin erilaisia huutolaisaikana. (Nurmi 2005.)

Monet huutolaislapset elivät lähes orjan asemassa. Huutolaislasten kohtaloista Orjamarkkinat-kirjan kirjoittanut Jouko Halmekoski kertoo, mitä huutolaisuus oikein oli: "Kunnat myivät lapsia huutokaupoissa perheille, jotka vaativat vähiten vuotuista huoltomaksua lapsen elättämisestä. Lastenkoteja oli erittäin vähän. Vuonna 1817 Venäjän keisarilta tuli käskykirje, jonka mukaan kerjuulla kulkeneet lapset piti panna ensisijaisesti perhehoitoon. Se lisäsi lasten huutolaisuutta. Lasten lisäksi myös vanhuksia ja sairaita myytiin huutolaisiksi, sillä laitoshoitoa ei juuri ollut. Huutolaiset, olivat he sitten lapsia tai vanhuksia, joutuivat raatamaan talon raskaissa töissä, ja usein heitä kohdeltiin hyvin julmasti. Vuonna 1849 keisarilta tuli kirje, jossa käskettiin kuntia pienentämään vaivaishoitokuluja. Huutolaisuus lisääntyi jälleen. Vilkkaimmillaan se oli 1870–1880-luvuilla".

"Kun uusi köyhäinhoitolaki astui voimaan vuonna 1923, se kielsi huutokaupat ja huutolaisnimen käytön. Osa kunnista totteli, mutta osa jatkoi toimintaa entiseen malliin vielä 1930-luvulla. Vaikka huutokaupat vähitellen loppuivat, lasten sijoittamista perheisiin jatkettiin vielä 1940-luvullakin". (Halmekoski 2011, Lindgren 2011.)

"Kaitsijamiehet etsivät lapsille hoitopaikkoja ja sijoittivat heitä vähiten rahaa vaatineisiin perheisiin. Lapset olivat edelleen huutolaisen asemassa, vaikka varsinaisia huutokauppoja ei enää ollutkaan. Viimeinen huutokauppa, jonka tiedän varmuudella tapahtuneen, järjestettiin vuonna 1935". (Halmekoski 2011, Lindgren 2011.)

Jouko Halmekoski toteaa huutolaisuuden olevan Suomen historian häpeätahra, josta valtio mielellään vaikenee. (Studio55.fi/Tuuli Lindgren.) Tuuli Lindgren käsitteli huutolaisuutta Studio55.fi-artikkelissa, joka julkaistiin 14. syyskuuta 2011. Tässä artikkelissa Lindgren toi esiin huutolaislasten kohtaloita ja oloja, jotka olivat usein hyvin vaikeita ja julmia. (Studio55.fi/Tuuli Lindgren.)

Halmekoski on (2011) "Orjamarkkinat - Huutolaislasten kohtaloita" kirjaan koonnut 25 huutolaislapsen tai heidän jälkeläistensä kertomaa tarinaa. "Ne vastaavat, miksi ja minkä ikäisenä lapsi joutui huutolaisen tielle, minkälainen huutolaislapsen taival oli ja kuinka elämä kulki sen jälkeen. Huutolaisena olleiden alemmuudentunne on vaientanut heidät ja heidän läheisensä pitkäksi aikaa, mutta nyt monet kokivat, että on korkea aika tuoda näiden syrjään jääneiden lasten kokemuksen esiin. Huutolaislapsista kasvoi uskomattomia selviytyjiä, jotka joutuivat taistelemaan tiensä onneen ja parempaan elämään".

"Jokainen huutolaiskohtalo on erilainen, mutta myös yhtäläisyyksiä löytyi. Yhtäläisyyttä on nälkä, toisen tai molempien vanhempien kuolema, köyhyys, avioliiton ulkopuoliset lapset, henkinen hätä ja toivottomuus tulevaisuudesta, äidin syliin ja hellyyden kaipuu". "Kurjuuden vastineena on myös muutama positiivinen tarina, joista ei ole jäänyt mieleen elämänmittaista katkeruutta. Huutolaislasten kokemusskaala vaihtelee raakuuden rajoilta hyvään huolenpitoon ja kasvatukseen". Orjamarkkinat - kirjassa esimerkiksi Taavi kertoi tarinansa: "Hän eli jatkuvassa nälässä. Hän sai syödä sivukomerossa toisten ruuantähteitä. Pahimpaan nälkäänsä hänen oli varastettava kananpesistä munia. Vielä syyskuurankin aikana hänet lähetettiin avojaloin paimeneen. Hetkellistä helpotusta sai paleleville jaloille, kun pissasi niiden päälle. Jalkojen palelun vuoksi päivät tuntuivat pikkupaimenesta suorastaan epätoivoisen pitkiltä". (Suora lainaus: Jouko Halmekoski 2011.)

Suomessa oli vielä 1920-luvun puolivälissä reilut 70 000 huutolaista. Suuri osa heistä oli lapsia, monet alle kouluikäisiä. Huutolaisjärjestelmä tarkoitti sitä, että esimerkiksi Viattomien lasten päivänä 28.12. käytiin huutokauppaa orvoista lapsista, kerjäläisistä, invalideista ja muista ihmismassan hylätyistä. Se talollinen tai muuten varakas, joka tarvitsi aputyövoimaa ja teki pienimmän tarjouksen, sai huutolaisen vuodeksi töihin. Eduskunnan puhemies, Marja Lohela käsitteli tätä aihetta 2017 eduskunnassa, 100-vuotiaan Suomen juhlallisuuksissa. Hän totesi: "Itsenäisyyden ensimmäisinä vuosikymmeninä kunnat järjestivät huutokauppoja, joissa huoltajia vailla olevia lapsia myytiin niille, jotka pienintä korvausta vastaan suostuivat

18

järjestämään ylläpidon aina vuodeksi kerrallaan. Huuto-kauppoja pidettiin köyhäintaloilla, pienimmät lapset nostettiin pöydälle, suuremmat seisoivat korokkeella. Meklari piti vasemmalla kädellä olkapäästä kiinni, oikeassa kädessä heilutti nuijaa ja sanoi: Nyt on tarjolla ahkera, terve ja kuuliaisesti työnsä tekevä nuori mies. Seitsemän vuotta. Mitä tarjotaan"? (Stranius 2017.)

Huutokauppa oli täydellistä suomalaista orjakauppaa. Lapsia myytiin kuin hevosia markkinoilla vielä 1920-30-lukujen vaihteessa. Orjakauppa kosketti monia, mutta harvemmin siitä on mitään kirjoitettu, juhlapuheissa on tosin mainittu. (Stranius 2017.)

Kirsti Vesterbackan kirja (2017). "Hiljainen kuin vesi ja matala kuin ruoho. Huutolaistytön selviytymistarina", kertoo myös huutolaisjärjestelmästä ja sen vaikutuksista Suomessa. Kirjassa käsitellään näiden lasten elämää, heidän kohtaloitaan ja sitä, miten yhteiskunta suhtautui huutolaisiin eri aikoina.

Kirjan alussa kirjailija kuvaa sitä hiljaista olemusta, jollaisena huutolaisen oli hyvä esiintyä, jotta ei olisi tullut kaltoin kohdelluksi majapaikassaan. Pahoinpitelyt, pieksämiset ja seksuaalinenkin väkivalta leijuivat usein uhkana ilmassa, isäntäperheestä riippuen. Kirja sisältää myös tytön Ellin selviytymistarinan. (Vesterbacka 2017.)

Huutolaisuusaikakauden ja 1800- vaihteen sekä 1900- alun sairauksista Suomessa

Jo ennen huutolaisaikaa esiintyi usein pandemioita, maailmanlaajuisia epidemioita, jotka vaikuttivat merkittävästi terveydenhuoltoon, yhteiskuntaan ja talouteen. Historia tarjoaa lukuisia esimerkkejä pandemioista, jotka ovat muokanneet maailmaa monin tavoin. Mustasurma esiintyi vuosina 1347–1351. Taudinaiheuttajana oli Yersinia pestis - bakteeri. Se tappoi arviolta 25-30 miljoonaa ihmistä Euroopassa, mikä oli noin kolmasosa väestöstä. (Pesonen 1980.)

Huutolaisuusajan sairaudet ovat olleet merkittäviä kansanterveydellisiä haasteita historiallisesti. Vaikka tarkkaa määritelmää sairauksille ei ole, tiedämme, että ne vaikuttivat väestön terveydentilaan. 1800- ja 1900-lukujen taitteessa Suomi kohtasi monia sosiaalisia ja terveydellisiä ongelmia. Huutolaisuus ja puutteelliset sosiaaliturvajärjestelmät kuvastivat aikakauden sosiaalista epäoikeudenmukaisuutta. (Stranius 2017.)

Katovuodet aiheuttivat vakavia nälänhätiä, joista pahin oli 1860-luvun suuri nälänhätä (1866-1868). Tämän nälänhädän aikana jopa 15 prosenttia Suomen väestöstä menehtyi. Nälänhädät johtivat vakavaan aliravitsemukseen, joka puolestaan heikensi ihmisten vastustuskykyä ja altisti heidät sairauksille. Ravitsemustilanteen heikkeneminen ja aliravitsemuksen heikentämä väestö oli alttiimpi erilaisille tartuntatautelle. Esimerkiksi lavantauti, punatauti ja kolera levisivät herkästi nälänhädän aikana ja sen jälkeen. Huono hygienia ja heikot terveydenhoitomahdollisuudet pahensivat tilannetta entisestään. Yhtenä Suomen erityispiirteenä 1800-luvulla oli naapurimaihin verrattuna poikkeuksellisen korkea kuolleisuusaste, joka johtui ennen kaikkea huonosta hygienian tasosta ja yleisestä köyhyydestä. (Harjula 2007, 16, Ignatius 2000, 510.)

21

Yllä mainituista syistä johtuen ei ole lainkaan yllättävää, että tilastojen mukaan juuri tartuntataudit olivat yleisin kuolinsyy 1800-luvun puolivälissä. Muun muassa tuberkuloosi, lavantauti ja punatauti olivat sairastuneille kohtalokkaita. Vesi- ja ruokavälitteisten sairauksien osalta arvioitiin maatalousyhteiskuntia piinanneen jatkuvasti erilaiset salmonellainfektiot ja punataudit ihmisulosteiden saastuttamien juomavesien takia. (Ristola 2019.)

1800-luvun lopulla ja 1900-luvun alussa Suomen maataloutta koettelivat myös erilaiset tuholaiset ja epäsuotuisat ilmasto-olosuhteet. Esimerkiksi hyönteisepidemiat saattoivat tuhota satoja, ja ankarat talvet tai kuivat kesät saattoivat aiheuttaa huonoja satovuosia. Luonnonkatastrofit vaikuttivat monin eri tavoin kansalaisten somaattiseen ja mielenterveyteen. Toistuvat luonnonkatastrofit ja niiden aiheuttamat menetykset vaikuttivat myös ihmisten henkiseen hyvinvointiin. Jatkuva epävarmuus tulevaisuudesta ja toistuvat menetykset aiheuttivat stressiä, masennusta ja muita mielenterveysongelmia. (Pesonen 1980.)

Katovuodet ja luonnonkatastrofit aiheuttivat laajoja yhteis-kunnallisia ja taloudellisia ongelmia. Monet menettivät elinkeinonsa ja joutuivat turvautumaan yhteisön tukeen tai muuttamaan kaupunkeihin paremman elannon toivossa. Tämä muuttoaalto vaikutti myös kaupunkien terveysolo-suhteisiin, kun väestöntiheys kasvoi ja asuinolosuhteet heikkenivät. (Harjula 2007, Ignatius 2000.) Nousukausi loppui länsimaissa 1870-luvun puolivälin jälkeen pitkään lamaan. Talouskasvu pienensi myös absoluuttisessa kur-juudessa eläneiden suhteellista osuutta väestössä. Vai-vaishoidon varassa eläneiden määrä vakiintui 1880-luvun aikana reiluun kolmeen prosenttiin väestöstä. Uusi lyhyt talousnotkahdus tuli 1890-luvun alussa, jolloin myös vai-vaishoidon varassa eläneiden suhteellinen osuus jälleen kasvoi, mutta vuosikymmenen alun jälkeen talouskasvu oli nopeaa aina vuosisadan vaihteeseen asti ja vaivaisten osuus laski nopeasti. Suomen maataloudessa tapahtui monia ihmisten hyvinvointiin vaikuttaneita muutoksia 1800-luvun jälkimmäisellä puoliskolla. Teknologisen kehi-tyksen myötä maan hyödyntäminen tehostui ja peltoala lä-hes kaksikertaistui. Samalla kauran ja perunan osuus vil-jelyalasta kasvoi. Myös meijeritoiminta tehostui vauhdilla ja meijerikoot kasvoivat. Edellä mainitun maatalouden mullistumisen seurauksena keskimääräinen energiansaanti asukasta kohden kasvoi puolitoistakertaiseksi 1860-luvun alusta 1910-luvun alkuun ja myös ruokavalion koostumus muuttui. Yleisen kuolleisuusluvun kehitys vuosina 1869–1905. (Suora lainaus: Ristola 2019.)

Suomessa elettiin 1800-luvulla uskomusten aikaa. Silloin oli vallalla ajatus, että Jumala antaa ja Jumala ottaa, millä tarkoitettiin sitä, että taudit ja niihin kuoleminen hyvinkin nuorella iällä oli nähtävä luonnollisena asiana, joka piti vain hyväksyä. Merkittävä tekijä Suomen korkeassa kuolleisuusasteessa oli myös tuolloin vallalla ollut uskomus, jonka mukaan taudit tarttuivat ainoastaan hengitysilman kautta eivätkä lainkaan kosketuksesta. Tästä virhekäsityksestä johtuen esimerkiksi kirurgit eivät puhdistaneet leikkausasujaan leikkausten välillä. (Harjula 2007, 16, Ignatius 2000, 510.)

Koleran esiintyminen ja sairauden vaikutukset

Suomessa esiintyneen koleran taudinaiheuttaja on Vibrio cholerae -bakteerin aiheuttama akuutti suolistotauti, joka leviää saastuneen veden ja ruoan välityksellä. Koleraepidemiat iskivät Suomeen useaan otteeseen 1800-luvulla, erityisesti vuosina 1831–1832 ja 1853–1854.

Kolera saapui Suomeen ensimmäistä kertaa vuonna 1831, osana toista kolerapandemiaa. Kolera sai aikaan tuhoa 1830-luvun alussa ja vuonna 1853. Koleraepidemiaa oli vaikeata torjua. Lääkäreitä ja sairaaloita oli vähän, eikä vaarallisen taudin torjunnasta tiedetty tarpeeksi. Epidemiat aiheuttivat suuria kuolleisuuslukuja, koska tehokkaita hoitokeinoja ei ollut ja hygieniaolosuhteet olivat heikot. Tiedettiin vain, että se tarttui ihmisestä toiseen. Sairastuneita neuvottiin menemään lämmitettyyn saunaan kuumalla vastalla hierottavaksi, lepäämään ja hikoilemaan saunan lauteilla sekä pukeutumaan lämpimästi saunan jälkeen. Kirkoissa luettiin ohjeita ja rukoiltiin saarnastuolista joka sunnuntai ja neuvoja ripustettiin painettuina julkisten rakennusten seinille eri puolilla maata. Kolerasairaaloissa potilaita hoidettiin oksettamalla ja sinappitaikinakääreillä. Potilaille annettiin oksetusjuurta ja käskettiin pidättämään oksennusta mahdollisimman pitkään, jotta tauti kunnollisen oksennuksen mukana häviäisi.

Sinappitaikinakääreitä asetettiin pitkin selkärankaa, vatsalle ja alaraajoihin, mikä helpotti hetkeksi potilaan oloa. Tuona kesänä koleraan sairastui lääkintäylihallituksen mukaan 1 258 henkilöä. Helsingissä sairastuneita oli yli kolmesataa. Kuolleisuus oli yli 50 %. (Pesonen 1990, Vuorinen 2002, Vuorinen 2006, Ristola 2019.)

1890-luvulla bakteeriteorian läpimurron kolerabakteerin löytymisen myötä sairaita pystyttiin seuraamaan tarkasti ja tarvittaessa eristämään. Jotta sairaat voitiin eristää terveistä, jouduttiin turvautumaan tiukkoihin toimiin. Kaupungilla liikkuminen öiseen aikaan kiellettiin ankarasti, liikkumista paikasta toiseen rajoitettiin, maahan pyrkivät laivat pantiin joksikin aikaa karanteeniin ja kaduilla partioivat valkoisin käsivarsinauhoin varustetut vartijat valvomassa, jotta saastutettujen talojen asukkaat eivät pääse kosketuksiin ulkopuolisten kanssa. Vartijat toimittivat myös ruokaa eristettyihin taloihin. Jos talossa oli joku kuollut koleraan, eristys kesti kaksi viikkoa, minkä jälkeen rakennuksessa oli suoritettava perusteellinen puhdistus ja lopuksi savustus katajilla. Koleraepidemian aikana suoritettiin terveystarkastuksia ja puhdistautumisia. Kloorikaasulla savutettiin vaatteita ja matkatavaroita. Kirjepostikin laitettiin reikiä täyteen ja sen jälkeen savustettiin rautalaatikoissa kloorilla. (Ristola 2019, Wikipedia 2024.)

Vähitellen epidemiat johtivat terveysolojen ja vesihuollon parantamiseen kaupungeissa. Sairaaloissa puhdistettiin kaikki, minkä kanssa sairas oli ollut tekemisissä. Poliisit, terveydenhoitoviranomaiset ja tullivartijat saivat eristää sairaiksi todetut. Kolerasairaaloita perustettiin ja koulut määrättiin suljettavaksi, mikäli paikkakunnalla havaittiin koleraa. Valmius koleran vastustamiseen oli siten noussut merkittävästi aikaisemmista epidemioista ja sillä saattoi olla merkittävä vaikutus tuhoilta välttymisessä. (Ristola 2019.) Paasikiven (2015) mukaan "lehdistö julkaisi ohjeita siitä, miten kolerataudilta tuli suojautua. Siisteyteen oli kiinnitettävä erityistä huomiota, happamia ruokia ja liiallista mässäilyä sekä alkoholin käyttöä tuli välttää. Lämpimästi pukeutuminen oli tärkeää, avojaloin ei tullut kulkea ja parasta oli kietoa villainen kangas päiväksi vatsan ympärille. Jos tauti kuitenkin pääsi iskemään, tuli huoneistossa suorittaa suitsutus. Apuvälineitä siihen olivat esimerkiksi katajan havut, mutta suitsutuksessa suositeltiin käytettäväksi myös kovempia aineita, kuten kloorikalkkia ja rikkihappoa. Niistä nousevien höyryjen katsottiin puhdistavan tautia levittävää pahaa ilmaa. Suitsutuksen kanssa tuli olla erityisen huolellinen siinä tapauksessa, että potilas oli kuollut. Mikäli potilas selvisi taudista, ei suitsutusta tarvinnut tehdä yhtä usein". (Paasikivi 2015.)

Malarian esiintyminen Suomessa

Suomessa esiintyi myös malariaa, taudinaiheuttaja on Plasmodium - loiset, joka leviää hyttysten välityksellä. Malariaa esiintyi Suomessa 1800-luvun lopulla ja 1900-luvun alussa erityisesti maan etelä- ja itäosissa, missä olosuhteet olivat suotuisat hyttysille. Sairaus oli yleisempää kosteilla ja suomaisilla alueilla. Malaria vaikutti merkittävästi työkykyyn ja terveyteen erityisesti maaseudulla. Taudin torjumiseksi pyrittiin vähentämään hyttysten lisääntymispaikkoja ja parantamaan asuinolosuhteita. Malaria katosi Suomesta vähitellen 1900-luvun puoliväliin mennessä, osittain parantuneiden elinolosuhteiden ja terveydenhuollon kehittymisen ansiosta. (Pesonen 1980.)

Lebran esiintyminen Suomessa

Lepra eli spitaali on Mycobacterium leprae -bakteerin ai-
heuttama krooninen infektiosairaus, joka voi vaurioittaa
ihoa, hermoja, silmiä ja hengitysteitä. Lepra oli Suomessa
merkittävä ongelma erityisesti keskiajalla ja varhaismoder-
nina aikana, mutta sen esiintyvyys väheni 1800-luvulle tul-
taessa. Sairastuneet eristettiin usein erityisiin leprasairaa-
loihin tai leprasiirtoloihin. Sairauden leimaavuus ja pelko
tartunnasta johtivat usein sairastuneiden sosiaaliseen
eristämiseen ja syrjäyttämiseen. Lääketieteen edistyessä
lepraa alettiin hoitaa tehokkaammin antibiooteilla, ja sai-
rauden esiintyvyys väheni merkittävästi. (Ristola 2019.)

Keuhkotuberkuloosin esiintyminen Suomessa

Tartuntatautien osuus kaikesta kuolleisuudesta oli 1880-
luvulle tultaessa Suomessa erittäin suuri, eikä epidemiolo-
ginen transitio vaikuttanut olleen vielä käynnistynyt. Vuo-
sisadan vaihteessa kuolemaa aiheutti paljon Suomessa
keuhkotuberkuloosi. Robert Koch löysi keuhkotuberkuloo-
sin aiheuttavan bakteerin vuonna 1882. Kesti pitkään,

ennen kuin toimiva lääke keuhkotuberkuloosiin löydettiin. Taudiksi muuttuakseen bakteeri vaatii kantajaltaan huonon vastustuskyvyn ja sopivan elinympäristön. Taudin yleisyyteen vaikuttavat asumisen ahtaus, ravinto ja työolosuhteet. Sen tähden se oli vuosisadan vaihteessa Suomessa yleisin kaupunkien ahtaasti asuvan teollisuustyöväestön keskuudessa.

Suomessa taudin kuolleisuuden huippu maaseudulla ajoittuivat 1870-luvulle suurten nälkävuosien seurauksena. Keuhkotuberkuloosikuolleisuus nousi edelleen hitaasti 1900-luvun ensimmäisen vuosikymmenen puoliväliin asti. (Ristola 2019, Wikipedia 2024.)

Isorokon esiintyminen Suomessa

Isorokko aiheutti Suomessa laajalti tuhoa vielä 1880-luvulla. Isorokko levisi pisaratartuntana. Isorokosta selviytyneet saivat käytännössä pysyvän vastustuskyvyn sitä vastaan, joten isorokosta tuli pääasiassa lastentauti. Vuoden 1881 epidemian aiheuttama imeväis- ja lastenkuolleisuus oli suurta. Epidemian leviämisen takia isorokkorokotus määrättiin pakolliseksi sakon uhalla. Rokotusten myötä tauti alkoi vähitellen kadota Suomesta. (Ristola 2019.)

Kurkkumädän esiintyminen Suomessa

Pelätty lastentauti oli Euroopassa 1800-luvun lopulla kurkkumätä. Tappavuus vaihteli epidemioittain, mutta pahimmillaan se oli 25–35 prosenttia ja alle 2-vuotiailla jopa 45 %. Kurkkumätäepidemiat esiintyivät usein samanaikaisesti angiinan ja tulirokon kanssa ja aiheuttivat korkean kuolleisuuden 5–8 vuoden sykleissä harvaan asutuilla seuduilla. (Ristola 2019.)

Suomessa kurkkumätäkuolleisuuden tutkimista haittaavat 1800-luvun lopun puutteelliset kuolinsyytilastot maaseudulla kurkkumädän osalta. Antidifteriaseerumi otettiin Suomessa muun Länsi-Euroopan tavoin käyttöön vuonna 1896. Kuolleisuus kurkkumätään putosi Helsingissä erittäin nopeasti seerumin käyttöönottamisen jälkeen. Seerumin käyttöönottaminen ei välttämättä ollut muun Suomen osalta yhtä nopeaa. (Pesonen 1980.)

Muiden tarttuvien tautien esiintyminen Suomessa

Hinkuyskä on lapsuusiän tauti ja kerran sen sairastettuaan saa yleensä elinikäisen immuniteetin. Tautia aiheuttava bakteeri löydettiin vuonna 1900 ja rokote sitä vastaan kehitettiin 1930-luvulla. Hinkuyskä oli esiteollisen Suomen suurimpia lapsuusiän tappajia ja se tappoi enemmän ihmisiä kuin isorokko vuosina 1751–1865. Yli 52 % taudin uhreista oli alle yksivuotiaita. 1800-luvun puolivälissä noin 7 % kaikista kuolemista oli Suomessa hinkuyskän aiheuttamia. Sen jälkeen se alkoi jäädä muiden tartuntatautien varjoon. (Pesonen 1990, Ristola 2019.)

Suomessa tulirokko ja tuhkarokko esiintyivät usein samanaikaisesti. Voimakkaita epidemioita koettiin Suomessa vuosina 1886, 1892 ja 1900. Kuolemantapauksia oli paljon. Pienten lasten osuus oli suuri. Tämän ajanjakson jälkeen epidemiat laimenivat, vaikkei rokotetta tai lääkitystä kumpaankaan tautiin ollut olemassa. Oletettavasti hygienian ja desinfioinnin sekä eristystoimien ja vaurauden kasvun merkityksillä oli suuri etenkin tuhkarokon kohdalla, sillä tauti oli pitkään tappava, nykyisissä sitä esiintyy

32

kuolemaan johtavana kehitysmaissa. (Saarivirta, Consoli & Dhondt 2010.)

Lavantauti esiintyi yhdessä pilkkukuumeen kanssa nälänhätien yhteydessä. Se oli merkittävästi sekoittamassa tauteja toisiinsa lääkäreiden ja kansan mielissä. Lavantauti epidemiat harvinaistuivat Suomessa punataudin tavoin 1800-luvun loppua kohden tultaessa hygienian parantumisen myötä. Pilkkukuume levisi, lavantaudista ja punataudista poiketen, täiden välityksellä. Myös pilkkukuume-epidemiat vähenivät suurten nälkävuosien jälkeen. (Pesonen 1980, 3 -9.)

Espanjantauti esiintyi vuosina 1918–1919. Taudinaiheuttaja oli H1N1-influenssaviruksen kanta. Arviolta 50–100 miljoonaa ihmistä kuoli maailmanlaajuisesti. Se vaikutti sekä nuoriin aikuisiin että heikompaan väestöön, mikä oli epätavallista influenssalle.

Espanjantauti esiintyi Suomessa vuosina 1918–1919. Tämä pandemia, joka sai alkunsa ensimmäisen maailmansodan aikana, levisi nopeasti ympäri maailmaa ja saapui Suomeen kesällä 1918. Espanjantauti oli erittäin tarttuva ja aiheutti vakavia influenssa- ja keuhkokuumeoireita. (Wikipedia 2024.)

Suomessa tauti levisi nopeasti ja aiheutti merkittävän määrän kuolemia. Espanjantaudin ensimmäinen aalto Suomessa oli kesällä 1918, mutta vakavampi ja tappavampi toinen aalto iski syksyllä 1918 ja talvella 1919. Arvioiden mukaan espanjantauti aiheutti Suomessa noin 20 000–25 000 kuolemantapausta, mikä oli merkittävä määrä maan väkilukuun nähden. (Pesonen 1990.)

Espanjantaudin vaikutukset olivat huomattavia, ja se koetteli erityisesti nuoria aikuisia, mikä oli poikkeuksellista influenssaviruksille, jotka yleensä aiheuttavat vakavampia oireita nuorilla lapsilla ja vanhuksilla. Tauti levisi laajasti, koska monet ihmiset liikkuivat sodan jälkeisessä sekavassa tilanteessa, ja terveydenhuoltojärjestelmä oli ylikuormitettu ja tehoton käsittelemään näin laajaa ja vakavaa epidemiaa (Saarivirta, Consoli & Dhondt 2010).

Lääkäreiden levittämällä hygieniatietoudella oli oletettavasti merkitystä monien tautien kuolleisuuden laskuun. Tappavimpien tartuntatautien osalta kunnanlääkäreillä on ollut mahdollisuuksia vaikuttaa kuolleisuuden laskuun ainakin sellaisten tautien osalta, joiden kuolleisuudessa hygienia on näytellyt suurta osaa. (Pesonen 1990, Saarivirta, Consoli & Dhondt 2010.)

Kunnanlääkärit ovat tuoneet maaseudulle uutta tietoa tautien tartuntatavoista ja pyrkineet sairaanhoidon ohessa muuttamaan ihmisten käyttäytymistä hygieenisemmäksi. Paremmalla hygienialla on pyritty välttämään taudille altistuminen. Parantunut hygienia on ollut merkittävässä osassa etenkin vesi- ja ruokavälitteisten sairauksien vähenemisessä. Samoin täiden välityksellä leviävän pilkkukuumeen tapauksessa hygienialla voi päätellä olevan merkitystä. (Pesonen 1990.)

Mielenterveyden häiriöiden historia Suomessa ulottuu pitkälle, ja se heijastelee laajemmin yhteiskunnallisia muutoksia, lääketieteen kehitystä ja sosiaalisia olosuhteita. 1800-luvulla yleinen termi mielenterveyden häiriöille oli "hulluus" tai "mielettömyys". Näitä termejä käytettiin laajasti kattamaan monenlaisia häiriöitä, joita nykyään tunnistetaan ja osataan diagnosoida tarkemmin. Maanisuus ja melankolia termejä käytettiin kuvaamaan vakavia mieliala-häiriöitä, jotka nykyään tunnetaan bipolaarisena häiriönä ja vakavana masennuksena. Epilepsiaa ja siihen liittyviä oireita pidettiin usein mielisairauksina. (Vapaa tietosana-kirja 2024.)

1800-luvulla ei vielä skitsofreniaa tunnistettu omana häiriönään, mutta ihmisillä, joilla oli skitsofreenisia oireita, oli usein vaikeuksia sopeutua yhteiskuntaan ja heidät saatet-tiin sulkea laitoksiin. 1900-luvun alussa alettiin tunnistaa skitsofrenia omana diagnoosinaan.

Erilaiset psykoottiset häiriöt, kuten paranoidinen psykoosi, tulivat myös tunnetummiksi ja niitä hoidettiin usein sairaa-loissa. Termi "neuroosi" otettiin käyttöön kuvaamaan vä-hemmän vakavia, mutta silti häiritseviä mielenterveyden häiriöitä, kuten ahdistusta ja pakko-oireita. (Vapaa tietosa-nakirja 2024.)

Huutolaisuusajan ja 1800-1900 -lukujen jälkeen köyhyy-den, suuren kuolleisuuden, sairauksien ehkäisy ja hoito ovat olleet tärkeitä terveydenhuollon palveluiden kehittä-misen kannalta. Terveyttä edistävät toimenpiteet, kuten monipuolinen ruokavalio ja muut terveelliset elintavat ovat olleet keskeisiä kansantautien ja pandemioiden ja mielenterveyshäiriöiden ehkäisyssä ja hoidossa. (Vapaa tietosanakirja 2024.)

Terveydenhuollon, lääketieteen ja hoitomuotojen kehittyminen

Tässä luvussa kuvailen terveydenhuollon, lääketieteen ja hoitomuotojen kehittymistä. Kriisien myötä kasvoi ymmärrys terveydenhuollon ja hygienian merkityksestä. 1800-luvun lopulla ja 1900-luvun alussa panostettiin aiempaa enemmän terveydenhuoltoon, mikä auttoi vähitellen parantamaan yleistä terveydentilaa. Suomalainen terveydenhuoltojärjestelmä kehittyi samassa tahdissa kuin moderni lääketiedekin. Molempien alku voidaan määrittää 1800-luvun ensimmäiselle puoliskolle. Tämä kehitys johti muun muassa sairaaloiden perustamiseen ja rokotusten käyttöönottoon. 1800-luvulla alettiin myös lisätä sairaaloiden määrää. Kun vuonna 1820 Suomessa oli ainoastaan 11 sairaalaa, sata vuotta myöhemmin sairaaloita oli jo 236. Suomalaisen terveydenhuoltojärjestelmän erityispiirteenä on, että julkiset sairaalat ovat kuntien omistamia. Tämä ei ole mitenkään ihmeellistä, sillä kunnat ovat olleet aktiivisia sairaaloiden perustamisessa aina 1800-luvulta lähtien. Lisäksi kautta aikain ihmisten paikalliselle hoidolle on ollut tarvetta. (Pesonen 1980.)

Toni Saarivirta, Davide Consoli & Pieter Dhondt ovat kirjoittaneet Kasvatus & Aika 3(4), (2010) lehteen artikkelin: "Suomen terveydenhuoltojärjestelmän ja sairaaloiden kehittyminen. Vaatimattomista oloista modernin terveydenhuollon eturintamaan".

Kyseisessä artikkelissa luodaan katsaus Suomen terveydenhuollon tarpeisiin 1800- ja 1900-luvuilla ja kansallisen sairaalalaitoksen syntyyn ja kehitykseen sekä lääkärien lukumäärän kasvuun ja kuvaillaan "Suomen terveydenhuoltojärjestelmän ja lääkärikoulutuksen pääpiirteitä viimeisen kahden vuosisadan aikana. Yliopistosairaaloiden muodostumista ja sairaaloiden syntyä, kehittymistä ja tehtäviä tarkastellaan ja tuodaan esille, kuinka terveydenhuollon organisaationaliset uudistukset ja kliiniset rutiinit ovat kiinteästi yhteydessä lääketieteellisen tietotaidon kehittymisen kanssa". (Saarivirta, Consoli & Dhondt 2010.)

Markus Ristola on tutkinut pro gradu- tutkielmassaan (2019) "Kunnanlääkärijärjestelmän kehittämisen vaikutusta kuolleisuuteen Suomen maaseudulla vuosina 1880 - 1900".

Hän kirjoittaa (2019), että "lääkäreillä ei vielä 1800-luvun lopulla ollut monia lääkinnällisiä keinoja vakavasti sairaiden hoitamiseen, mutta bakteeriteorian läpimurron myötä tullut ymmärrys sairauksien tartuntatavoista muutti lääkäreiden työtä ja teki siitä entistä tehokkaampaa. Siten jokaisen uuden lääkärin on voinut olettaa parantaneen terveyttä lääkäripulasta kärsivässä maassa. Ravinnon paranemisen, bakteriologian, lääketieteen kehityksen, viemäri- ja vesiputkien rakentamisen lisäksi myös terveyden puolesta taistelevan organisaation koon kasvattamisella on ollut merkityksensä". (Ristola 2019.)

Nykyaikaisen hoidon kehittämiseksi on viimeisimmän 150 vuoden ajan lääketieteellistä hoitoa kehitetty järjestelmällisesti. Aiemmin ajateltiin tautien ja kuoleman olevan ennalta määrättyjä. Hygieenisessä ajattelussa terveydelle nähtiin uhkana elämäntavat, elinympäristö ja perinnölliset tekijät. Painopiste oli sairauksien ennaltaehkäisyssä ja sitä pyrittiin edistämään erityisesti valistamalla ihmisiä. Ennen kehitystä eri teorioiden välillä oli ristiriitoja ja uskomuksia. Lähes koko 1800-luvun ajan eli rinnakkain kolme teoriaa tautien syistä: miasmateoria, tartuntatautiteoria ja niiden synteesi. Synteesissä tautien uskottiin välittyvän tartunnan myötä, mutta tartunta oli mahdollinen vain tietyissä ympäristöllisissä olosuhteissa.

Miasmateoria oli esimerkki uskomusteoriasta. Miasmalla tarkoitettiin 1700- ja 1800-luvuilla ilmassa leijailevia, mätänevässä aineessa, esimerkiksi maassa, kehittyviä myrkyllisiä huuruja, joiden ajateltiin aiheuttavan kulkutauteja. Miasman uskottiin leviävän tuulten kuljettamana levittäen tautia paikkakunnalta toiselle. Etelätuulet olivat erityisen vaarallisia. Koska uskottiin, että taudit levisivät ainoastaan myrkyllisinä huuruina ilman kautta, sairaalat sijoitettiin yleensä kaupunkien ulkopuolelle, korkeille paikoille ja mahdollisesti meren läheisyyteen, koska siellä ilman katsottiin olevan terveellisempää ja raikkaampaa ja siten edesauttavan taudeista paranemista (Ristola 2019). Jo ennen kuin mikrobien (bakteerien, virusten jne.) ymmärrettiin aiheuttavan tauteja, tiettyjen tautien havaittiin leviävän erityisesti joissakin väestöissä, ja syyksi arveltiin huonoa ilmaa varsinkin kaupunkien köyhissä osissa.

Käsitykset tautien syistä muuttuivat merkittävästi 1800-luvun aikana, mutta muutos ei ollut yhtäkkinen siirtymä miasmateoriasta bakteeriteoriaan. Suoran, esimerkiksi käsien kautta tapahtuvan kontaktin merkityksestä tautien syntymisessä oli merkkejä, mutta ajatusta vastustettiin kiivaasti. Bakteriologien yksiselitteiset löydökset 1860-luvulta alkaen todistivat tiettyjen tautien olevan elävien olentojen, mikrobien, aiheuttamia.

Synteesi vaikutti olleen suomalaisten lääkäreiden keskuudessa kaikkein suosituin kolmesta teoriasta vielä 1880-luvulle tultaessa. Painopiste muuttui kuitenkin 1800-luvun loppua kohden koko ajan enemmän miasmateoriasta tartuntatautiteorian tieteellisempään versioon eli bakteeriteoriaan. (Ristola 2019.)

Bakteeriteoria alkoi hiljalleen saada kannatusta. Piirilääkärit alkoivat ymmärtää huonolaatuisen juomaveden haitallisen vaikutuksen terveyteen ja heidän tietoisuuteensa oli levinnyt ajatus elollisista olennoista, jotka saastuttavat sairaaloissa hoitovälineitä ja siten aiheuttavat sairastumista. Lapsivuodekuumeen aiheuttajaksi osattiin epäillä mätänevistä ruumiista tarttuneita aineita ja vetotaudin aiheuttajaksi torajyvää. Sukkulamatoihin kuuluvasta trikinellasta tautien aiheuttajana, tiedotettiin suomalaisille lääkäreille jo vuonna 1860. Nämä aikaisemmat tiedot elävistä taudinaiheuttajista helpottivat bakteeriteorian hyväksymistä suomalaisten lääkäreiden keskuudessa 1880-luvulla. Vasta mikroskoopin käyttöönotto ja muu laboratoriotekniikan ja -menetelmien edistys 1870- ja 1880 luvuilla yhdessä Louis Pasteurin ja Robert Kochin tekemien taudinaiheuttajalöydösten kanssa saivat aikaan suuren muutoksen lääketieteen ammattilaisten näkemyksissä tautien leviämistavoista. Tartuntatautiteoria muuttui tieteellisemmäksi bakteeriteoriaksi ja se mahdollisti ihmisten käyttäytymisen muuttamisen ratkaisevasti kuolleisuutta laskevaksi. Tartuntojen kannalta merkittävää oli ihmisten käytösten muutokset. Yskiminen, nenän niistäminen, sylkeminen, toiminta käymälässä, seksuaalikäyttäytyminen ja peseytymistavat piti muuttaa. Ruoan, juomaveden ja maidon käsittelyn, imeväisten ja lasten hoidon sekä ruokinnan ja sairaiden hoidon suhteen piti toimia aiempaa hygieenisemmin. Kodeista jyrsijät ja hyönteiset tuli hävittää. Monissa tavoissa oli vielä 1800-luvulla puutteita. Sylkeminen sisätiloissa oli täysin yleistä ja ihmiset saattoivat ulostaa ylävirtaan juomavedenottopaikasta. Bakteeriteorian läpimurron jälkeen kului vielä aikaa siihen, että viranomaiset ja lääkintähenkilökunta saivat levitettyä tietoa kotitalouksiin ja siihen, että kansalaiset alkoivat vähitellen uskoa uutta informaatiota. Uskomukset kohtaloon piti vaihtaa vastuuseen terveydestä kansalaisille ja varsinkin kodin hygieniasta vastaaville kotiäideille. (Vuorinen 2006.)

Bakteeriteorian läpimurto muutti lääkäreiden tarjoamaa sairaanhoitoa. Vielä 1800-luvun alussa sairaita hoidettiin suonta iskemällä, hikoiluttamalla ja oksettamalla, jotta ruumiin neljä nestettä saataisiin miasmateorian mukaisesti tasapainoon. Muutos oli siten merkittävä 1900-luvun vaihteeseen tultaessa, jolloin lääkärit periaatteessa pystyivät selvittämään tarkasti potilaan sairauden ja suunnittelemaan hoidon diagnoosin mukaan. Lääkärit ymmärsivät myös levon merkityksen aikaisempaa paremmin. (Vuorinen 2006, 62–63.) Vanhat miasmateorian mukaiset hoitotavat olivat kuitenkin sitkeästi mukana tautien hoitamisessa. Tartuntatautien diagnosointi ja hoito muuttuivat bakteeriteorian läpimurron myötä merkittävästi, mutta monet bakteeriteoriaa edeltäneet näkemykset ja käytännöt muiden sairauksien hoidosta ja terveyden edistämisestä olivat edelleen hyödyllisiä. (Saarivirta, Dhondt & Consoli, 2010.)

Tartuntatautiteoriassa tautien nähtiin johtuvan ainoastaan erityisestä tartunnasta. Lääketieteen modernisointia jouduttivat 1800- luvun puolivälissä aikaansaatu läpimurto bakteriologiassa, joka oli yksi tärkeä askel kohti modernia lääketiedettä, kun tunnistettiin bakteerien osuus infektiotautien synnyssä. Bakteeriteoria on tartuntatautiteorian edistyneempi tieteellinen versio, jossa tartuntatautien ymmärretään aiheutuvan mikrobeista. Tunnistettiin, että jokaiselle tartuntataudille on oma taudinaiheuttajansa. Tartuntatauteja koskevan tiedon lisääntyminen on muuttanut merkittävästi arkipäivän käytäntöjä, mikä näkyy muun muassa hygienian ja siisteyden suosimisena. (Saarivirta, Dhondt & Consoli, 2010.) Bakteeriteorian läpimurrosta käytetään jossain yhteyksissä myös nimitystä bakteriologinen vallankumous.

Pian huomattiin, että käsien pesu laski infektioiden määrää ja kuolleisuutta. Kun sairaaloissa aloitettiin säännölliset puhdistusrutiinit, kuten puhtaiden asujen ja liinavaatteiden käyttämisen sekä instrumenttien kuumentamisen ennen operaatioita, päästiin välittömästi parempiin hoitotuloksiin. Seurauksena näkemys miasmasta alkoi siirtyä taka-alalle. Tätä aikakautta on myös kutsuttu Suomen lääketieteen kulta-ajaksi. (Harjula 2007, 16, Ignatius 2000, 511.)

1700- ja 1800-lukujen lääketieteelle oli ominaista kliinisen ja teoreettisen lääketieteen lähentyminen Suomessa. Valtio omisti aluksi sairaalat, mutta vähitellen myös kunnat perustivat omia sairaaloitaan. Kunnalliset sairaalat lyhensivät maakunnissa hoitoon tulomatkoja ja sairaanhoitoa haluttiin paikallistaa. Vuoteen 1920 mennessä Suomeen perustettiin yhteensä 236 sairaalaa, joista 142 oli kunnallisia ja

60 yksityisiä. (Kaarninen & Kiuasmaa 1988, 7-9, Vauhkonen 1992, 239.)

1880-luvulle tultaessa lääkäreillä oli käytettävissään monia hyödyllisiä hoitokeinoja Suomessa. He pystyivät hoitamaan sijoiltaan menneitä niveliä ja tekemään pikkukirurgiaa, kuten paiseiden avaamista ja kaihileikkauksia. Melko suuria leikkauksia pystyttiin tekemään, koska nukutukseen käytettiin eetteriä ja kloroformla. "Pieniin desinfiointiin käytettiin alkoholia sekä jodi- ja klooriyhdisteitä. Käyttökelpoisina lääkkeinä annettiin kiniiniä malariaan, morfiinia kipuun, ripuliin, univaikeuksiin ja yskänlääkkeeksi, torajyvää käytettiin migreeniin ja synnytyksiin, sormustinkukkaa diureettina, atropiinia silmätauteihin, kalanmaksaöljyä riisitautiin, jodia struumaan, rautaa vahvistavana lääkkeenä ja runsasta vedenjuontia koleraan. Monia näistä keinoista pystyivät käyttämään myös kansanparantajat. 1880- ja 1890-luvuilla tapahtui edelleen edistystä sairaanhoidossa. Leikkausmenetelmissä siirryttiin antiseptistä menetelmää turvallisempaan aseptiseen menetelmään". (Ristola 2019.)

Muutosta vauhditettiin levittämällä kansan pariin lääketieteen löydöksiä ja hävittämällä vahingollisia harhaluuloja, missä työssä oli kansanopetuksellakin keskeinen roolinsa. (Saarivirta, Consoli & Dhondt 2010.)

Wilhelm Röntgenin keksimät läpivalaisusäteet (röntgensäteet) (1895) otettiin käyttöön lääketieteellisessä diagnostiikassa. Lääketieteessä alkoivat tiede ja käytäntö yhdistyä. Tietojen ja taitojen kehittymisen myötä terveydenhuolto muodostui kokonaisuudeksi, jota pystyi systemaattisesti organisoimaan. (Ristola 2019.)

1900- luvun alussa tauteja pystyttiin selittämään ja hoitamaan aiempaa paremmin. Hygienian liittäminen sairauksien syntyyn ja hoitoon vähensi niitä ja kuolleisuutta merkittävästi. Joseph Listerin antiseptisten menetelmien käyttöönotto kirurgiassa vähensi infektioita. Insuliinin eristäminen (1921) ja sen käyttöönotto diabeteksen hoidossa oli käänteentekevä hoitomuoto. (THL 2008, Saarivirta, Consoli & Dhondt 2010.)

Lääketieteen kehityksen kannalta ainutlaatuinen keksintö oli myös antibioottien löytäminen sairauksien hoitoon.

Alexander Flemingin penisilliinin löytäminen (1928) ja sen laajempi käyttö 1940-luvulla mullisti bakteeri-infektioiden hoidon. 1920-1940-luvuilla tunnistettiin veriryhmät ja niiden säilytyksen parantaminen mahdollistivat turvallisemmat verensiirrot. Myös erilaisten vitamiinien löytäminen ja ymmärrys niiden merkityksestä ravitsemuksessa paransi ravitsemushoitoa. (Saarivirta, Consoli & Dhondt 2010.)

Mielisairaiden hoito ja hoitojärjestelmät ovat kehittyneet huomattavasti 1800-luvulta alkaen. Mielisairaiden hoito 1800-luvulla keskittyi pääasiassa asyyli- ja laitoshoitoon. Mielisairaalat perustettiin eristämään potilaat yhteiskunnasta. Hoitomenetelmät olivat usein epäinhimillisiä, ja potilaita kohdeltiin enemmän säilöttävinä kuin hoidettavina. Hoitomuotoihin kuuluivat esimerkiksi pakkopaidat, jääkylvyt ja verisuonten avaaminen. Näitä menetelmiä käytettiin usein potilaiden rauhoittamiseksi tai kurinpitotoimenpiteinä. (Vapaa tietosanakirja 2024.)

1900-luvulla kehittyi psykoanalyysi. Sigmund Freudin psykoanalyysin kehitys vaikutti merkittävästi mielisairauksien hoitoon. Psykoterapia alkoi saada jalansijaa lääketieteellisenä hoitomuotona. 1930- ja 1940-luvuilla käyttöön otettiin erilaisia biologisia hoitomuotoja, kuten insuliinikooma-terapia, elektroshock -terapia (sähköhoito) ja lobotomia. Nämä menetelmät aiheuttivat usein ristiriitoja ja saattoivat aiheuttaa vakavia haittavaikutuksia. (Vapaa tietosanakirja 2024.)

Suomessa käydyt sodat, erityisesti talvisota (1939–1940) ja jatkosota (1941–1944), ovat vaikuttaneet osaltaan merkittävästi lääketieteen kehitykseen. Näiden sotien aikana saadut kokemukset ja niiden seurauksena tehdyt innovaatiot ovat jättäneet pysyvän jäljen terveydenhuollon ja lääketieteen käytäntöihin Suomessa. Sotien aikana hankittu lääketieteellinen osaaminen ja kehitetyt menetelmät ovat muodostaneet perustan monille nykyisille käytännöille terveydenhuollossa. Vaikka sodat itsessään ovat tuhoisia ja traagisia, niiden aikana kehitetyt lääketieteelliset innovaatiot ja parannukset ovat hyödyttäneet koko yhteiskuntaa pitkällä aikavälillä. (Pesonen 1980.)

Sodan aikana saatiin laajasti kokemusta erilaisten traumaattisten vammojen hoidosta, mikä paransi kirurgien taitoja ja tietämystä. Sota-ajan kirurgit kehittivät uusia menetelmiä luunmurtumien, sirpalevammojen ja ampumahaavojen hoitamiseen. (Pesonen 1980.)

Haavoittuneiden evakuointi ja kenttäsairaaloiden toiminta kehittyivät, ja tämä kokemus siirtyi siviiliterveydenhuoltoon. Sodan aikana anestesiologian ala kehittyi merkittävästi. Erilaisia anestesia- ja kivunlievitysmenetelmiä kehitettiin ja otettiin käyttöön. Intensiivinen hoito sai alkunsa, kun haavoittuneiden ja kriittisesti sairaiden hoitoa kehitettiin. Tämä johti modernin tehohoidon perustaan. (Pesonen 1990.)

Sodan aikana verensiirtojen tarve oli suuri, mikä johti organisoidun veripalvelujärjestelmän perustamiseen. Veripalvelun kehittäminen sodan aikana auttoi luomaan järjestelmän, joka toimii tehokkaasti myös rauhan aikana.

Sodan aikana tartuntatautien, kuten lavantaudin ja muiden infektioiden, hoito ja ehkäisy kehittyivät. Hygienian ja infektioiden hallinnan tärkeys korostui ja antibioottien käyttö laajeni. (Ristola 2019.)

Sodan jälkeiset kokemukset traumaperäisestä stressistä ja muista psyykkisistä ongelmista johtivat mielenterveyspalvelujen kehittämiseen. Psykiatrian ala alkoi kiinnittää enemmän huomiota sotatraumoihin ja niiden hoitoon.

Sodan aikana ja sen jälkeen lääketieteellinen koulutus tehostui ja tutkimus lisääntyi. Kenttäolosuhteissa tehdyt havainnot ja kokemukset siirtyivät osaksi lääketieteellistä opetusta.

Sotilaslääketieteen tutkimuslaitokset perustettiin, ja ne ovat vaikuttaneet merkittävästi lääketieteelliseen tutkimukseen Suomessa. Sodan seurauksena monet sotilaat tarvitsivat proteeseja ja pitkäaikaista kuntoutusta. Tämä johti proteesiteknologian ja kuntoutusmenetelmien kehittymiseen.

Sodan aikana ja sen jälkeen terveydenhuollon organisaatioita ja infrastruktuuria kehitettiin. Tämä loi perustan modernille terveydenhuoltojärjestelmälle, jossa on kattavat palvelut ja hyvä valmius vastata suuriin haasteisiin. (Pesonen 1990.)

51

Yleisesti hoitomuotojen kehitys 1900-luvun alusta 1950-luvulle on ollut merkittävä ja monivaiheinen prosessi, joka on mullistanut terveydenhuollon ja lääketieteen. Tämä kehitys on mahdollistanut yhä tehokkaampien ja tarkempien hoitomenetelmien käyttöönoton, parantanut potilaiden elämänlaatua ja pidentänyt elinikää. (Saarivirta, Consoli & Dhondt 2010, Ristola 2019, STM 1917.)

Lääketieteellinen koulutus

Tässä luvussa tarkastelen lääketieteellisen koulutuksen aloitusta, etenemistä ja laajenemista Suomessa. Suomalainen lääketieteellinen koulutus alkoi Turun akatemiassa, joka perustettiin vuonna 1640. Sen ensisijainen tarkoitus oli kouluttaa pappeja ja virkamiehiä. Akatemiassa oli myös lääketieteellinen tiedekunta. Turun Akatemian lääketieteellinen tiedekunta oli vaatimaton ja sinne oli perustettu vain yksi professuuri. Tiedekunnassa opetettiin antiikin klassikoihin perustuvaa teoriapohjaista lääketiedettä. (Saarivirta, Consoli & Dhondt 2010.)

Lääketieteestä tuli yliopistoille keskeinen oppiala vasta hyvin myöhään. Yksi syy oli se, ettei alaa arvostettu kovinkaan korkealle. Lääketieteen harjoittajien ammatillinen status jäikin kovin alhaiseksi. (Von Bonsdorff 1975, 266, Saarivirta, Consoli & Dhondt 2010.) Vielä 1700-luvulla lääkäreiden koulutus oli pääsääntöisesti ollut teoreettista. Vähitellen koulutukseen alettiin yhdistää myös käytännön harjoittelua. Kun Turun akatemia siirrettiin Helsinkiin vuonna 1828, se tunnettiin nimellä Keisarillinen Aleksanterin yliopisto (nykyinen Helsingin yliopisto). Sen arvovalta korostui, mutta lääketieteen rooli jäi tässä vaiheessa vielä kovin vaatimattomaksi. 1800-luvun loppupuolen aikana olivat humanistiset tieteet enemmistönä Aleksanterin keisarillisessa yliopistossa. Lääketiede ei ollut itsenäisen eikä vahva Suomen yliopistolaitoksessa. Hiljalleen tilanne alkoi kohentua. Vuonna 1800 yksi lääkäri 41000 asukasta kohden. Vuosittain valmistui 5-10 lääketieteen opiskelijaa lääkäriksi. Vasta 1900-luvulla lääkereiden lukumäärä alkoi lähteä tasaiseen kasvuun. (Pesonen 1980, 667.) Suomessa diagnosointi oli 1800-luvun alussa melko puutteellista ja lapsikuolleisuus oli edelleen suurta. Sen pienentämiseksi oli alettu kouluttaa kätilöitä synnytyksissä avustamaan. Kätilöopisto oli perustettu vuonna 1816 Turkuun ja Turun Akatemiassakin oli jo niinkin varhain kuin vuonna 1784 alettu opettaa gynekologiaa. (Pesonen 1980, Saarivirta, Consoli & Dhondt 2010.) Kätilöille annettiin uusi ohjesääntö vuonna 1879, jossa Helsingin kätilöopistolla tapahtuvan koulutuksen pituudeksi määrättiin 10–12 kuukautta. Kätilöt koulutettiin varsinaisen kätilötaitojen ja pienten lasten hoitamisen lisäksi kuppaamaan, käyttämään iilimatoja, sekä rokottamaan. Lisäksi he saivat opetusta haavojen ja murtumien hoitamiseen. Opetus oli maksutonta. Vuonna 1886 Suomessa toimi 393 kätilöä, joista maaseudulla oli toimessa 169 vuosisadan vaihteessa maalaiskunnissa. Kätilötilanne oli parantunut merkittävästi 1890-luvulla kätilöiden arvostuksen nousun ja valtion palkkaamiseen antaman tuen myötä. (Saarivirta, Consoli & Dhondt 2010.)

Valtio alkoi myöntää tukea kiertävien sairaanhoitajien palkkaamiseen vuodesta 1899 lähtien. Lääkintöhallitus esitti, että tukea maksetaan vain sellaisille kunnille tai yhdistyksille, joilla on ennestään käytettävissä lääkäri. Sairaanhoitajan haluttiin toimivan lääkärin valvonnassa.

Kansanparantajille oli eniten kysyntää siellä missä viralli-sia lääkäreitä ei ollut tavoitettavissa. Piirilääkäreille oli an-nettu tehtäväksi puoskaroinnin valvominen ja puoskarien toimittaminen oikeuden eteen. Tuomioistuimet eivät kui-tenkaan kovin herkästi tuominneet puoskareita, ellei ollut näyttöä terveydelle haitallisten aineiden käytöstä hoi-dossa. Piirilääkärit pitivät puoskarointia vahingollisena, sillä potilassuhde piti sairaan poissa oikean lääkärin luota. (Saarivirta, Consoli & Dhondt 2010.)

Suomen viranomaiset halusivat eroon lääketieteen koulu-tusta vailla olevista puoskareista sitä mukaa, kun ymmär-rys terveydenhuollon kehityksen merkityksestä kasvoi. Lääkärit velvoitettiin rekisteröitymään virallisesti. Tavoit-teena oli lääketiede ja lääkärin ammatin arvostuksen nousu. Collegium Medicum (lääkintöhallituksen edeltäjä) perustettiin vuonna 1811. Se tarkoitti terveydenhuollon valvonnan parantumista. Suomen seitsemän sairaalaa tu-livatkin siinä vaiheessa valtion valvonnan alle. (Saarivirta, Consoli & Dhondt 2010.)

1800-luvun taitteessa lääkäreiden lukumäärä siis lisääntyi asteittain. Lääkäreiden koulutuksessa oli 1800-luvulle tultaessa yhdistetty sekä kliininen että teoreettinen koulutus. Isommissa kaupungeissa ei enää koettu lääkäripulaa siinä määrin kuin aikaisemmin. Maaseudullakin tilanne alkoi 1800-luvulle tultaessa hieman kohentua, sillä kunnanlääkäreiden määrä kohosi 11:sta 20:een. Ongelmana oli kuitenkin se, etteivät nuoret lääkärit halunneet muuttaa kaupungista maaseudulle. Kaupunkien vireä ilmapiiri tuntui maaseudun elämää paremmalta. Lääkäritilanne koheni siinä vaiheessa, kun naiset saivat opinto-oikeuden lääketieteeseen. Naiset saivat täyden opinto-oikeuden yliopistoon kuitenkin vasta vuonna 1902. Yliopiston rooli kansankunnan rakentajana alkoi enenevässä määrin korostua. Helsingin yliopistossa oli aloitettu yhteinen lääketieteen ja kirurgian koulutusohjelma vuonna 1820. Siitä lähtien lääketieteen koulutus on Suomessa tapahtunut yliopistossa. (Pesonen 1964, Saarivirta, Consoli & Dhondt 2010.)

"Suomalaisen lääkärikoulutuksen kehittymisen yhtenä keskeisenä tekijänä on harvaan asuttu maa, jossa huonojen kulkuyhteyksien tähden oli vaikea päästä lääkäriin, saati sitten tavata jonkin tietyn alan spesialisti. Lääkärit olivatkin yleislääkäreitä ja, toisin kuin nykyään, heidän piti hallita monta lääketieteen osa-aluetta. Syy siihen, miksi monet lääketieteen alat, kuten kirurgia, synnytysoppi ja farmasia, alun perin nostettiin yliopistotasoisiksi oppialoiksi, johtuu todennäköisesti juuri yleislääkäreiden suuresta tarpeesta ja siitä, että maa oli harvaan asuttu. Lääkäreiden määrän kasvun hitaus johtui osaltaan myös siitä, että lääkäriksi opiskeleminen kesti pitkään, kaikkiaan yksitoista vuotta. Kaiken lisäksi lääkärin ammattia ei arvostettu. Nämä tekijät yhdessä vaikuttivat siihen, että lääkärikoulutukseen hakeutuvista oli pulaa, jolloin lääkärivajettakaan ei pystytty paikkaamaan". (Saarivirta, Consoli & Dhondt 2010.)

Psykiatrien koulutuksen kehitys Suomessa on kulkenut käsi kädessä muun lääketieteellisen koulutuksen yleisen kehityksen kanssa.

Psykiatria alkoi kehittyä omaksi erikoisalakseen 1800-luvun puolivälin jälkeen. Tämä tapahtui samaan aikaan, kun mielisairaaloita perustettiin eri puolille Eurooppaa, mukaan lukien Suomi. Varhaiset psykiatrit saivat koulutuksensa pääasiassa yleislääkärikoulutuksen kautta ja jatkoivat sitten erikoistumistaan psykiatrian parissa.

1900-luvun alussa psykiatriasta tuli vähitellen virallinen erikoisala Suomessa. Psykiatrien koulutuksesta tuli systemaattisempaa, ja siihen kuului teoreettinen opetus sekä käytännön harjoittelu mielisairaaloissa ja muissa terveydenhuollon yksiköissä. Helsingin yliopisto oli keskeisessä roolissa psykiatrien koulutuksessa Suomessa, koska 1900-luvun alkupuolella muita yliopistoja ei vielä ollut. (STM 2013.)

Terveydenhuoltojärjestelmän organisointi uudelleen 1930-luvulla

Tässä luvussa kuvailen terveydenhuoltojärjestelmien organisointia Suomessa 1930-luvulla. Vuonna 1929 hallitus asetti komitean pohtimaan miten pirstaleinen sairaalajärjestelmä tulisi jatkossa organisoida. Komitean mukaan sairaalapalvelut Suomessa olivat pahasti epätasapainossa, sillä maaseudun palveluissa oli puutteita, varsinkin kun vertauskohdaksi otettiin kaupunkien tilanne. Lisäksi lääkäreiden määrä asukkaita kohden oli yhden suhteessa 838:een. (Kaarninen & Kiuasmaa 1988, 8-9.)

Suomen sairaalalaitos oli hajanainen aina 1930-luvulle saakka, jolloin sairaalaverkostoa alettiin rakentaa systemaattisemmin. Tarkoituksena oli saada aikaan koko maan kattava sairaalalaitos, joskin suunnitelmat keskeytyivät hetkellisesti toisen maailmansodan tuoksinassa. Toisaalta toinen maailmansota vauhditti erityisesti keskussairaalaverkoston rakentamista, sillä erikoissairaanhoidon tarve oli sodan seurauksena kasvanut. (Pesonen 1964.)

Komitea ehdotti, että kunnat perustaisivat yhteisesti rahoitettuja sairaaloita alueilleen ja valtio rahoittaisi 30-60 % tulevien sairaaloiden rakentamis- ja ylläpitokuluista. Komitea ehdotti maan jakamista sairaanhoitopiireihin seuraavan 15 vuoden aikana. Ehdotukset eivät toteutuneet. Seuraava komitea vuonna 1933 selvitti, miten toimittiin Ruotsissa, Saksassa ja Latviassa. Lääkintöhallitus oli jo aiemmin esittänyt valtion omistamien sairaaloiden laajentamista ja niiden muuttamista erikoissairaanhoidosta huolehtiviksi keskussairaaloiksi. (Pesonen 1980, 596.)

Vuonna 1933 alkoikin Suomen sairaalaverkoston uudistus. Kuntien rooli vahvistui edelleen sairaaloiden rakentamisessa. 1900-luvun alkupuolella perustettiin myös sairaaloita tuberkuloosia ja mielisairaita varten. 1930-luvulla kunnat jatkoivat edelleen aloitteiden tekemistä sairaaloiden perustamiseksi (Pesonen 1980, 596).

Lääkintöhallitus (1911–1991)

Tässä luvussa kerron Lääkintöhallituksen toiminnasta 80-vuoden ajalta. Lääkintöhallitus oli Suomen terveydenhuollon keskusvirasto, joka perustettiin vuonna 1911. Se toimi ylimpänä viranomaisena, joka vaikutti terveyspolitiikkaan ja lainsäädäntöön sekä toimi keskeisenä terveydenhuollon hallintoelimenä vuosikymmeniä, kunnes sen toiminnot yhdistettiin uuteen organisaatioon vuonna 1991. Lääkintöhallitus perustettiin valvomaan ja kehittämään terveydenhuoltoa Suomessa. Se vastasi muun muassa lääkärintoimen, sairaanhoidon, terveydenhuollon koulutuksen ja lääkehuollon valvonnasta. Lääkintöhallituksen tehtäviin kuului terveyspolitiikan suunnittelu ja toimeenpano, terveydenhuollon laatu- ja turvallisuusstandardien määrittely sekä terveydenhuollon ammattilaisten lupien myöntäminen ja valvonta. Lääkintöhallitus koostui eri osastoista, jotka vastasivat erityyppisistä terveydenhuollon alueista, kuten yleislääkintä, sairaanhoito, mielenterveys ja lääkehuolto. Viraston johtajana toimi lääkintöhallituksen pääjohtaja.

Lääkintöhallitus kehitti ja uudisti terveydenhuoltoa Suomessa monin tavoin, kuten laajentamalla julkista terveydenhuoltoa ja parantamalla terveydenhuollon palvelujen saatavuutta ja laatua. Se osallistui terveydenhuollon lainsäädännön valmisteluun ja toimeenpanoon. Lääkintöhallitus valvoi terveydenhuollon palvelujen laatua ja noudattamista sekä antoi ohjeita ja määräyksiä terveydenhuollon toiminnasta ja tuki terveydenhuollon tutkimusta ja kehitystä, mukaan lukien epidemiologiset tutkimukset ja terveyspoliittiset hankkeet.

Lääkintöhallitus oli siis keskeinen toimija terveyshuollon järjestelmien uudistamisessa. 1930-luvulla jalansijaa saaneet sairaalalaitoksen kehittämisajatukset alkoivat edetä askel kerrallaan ja lääkintöhallituksenkin mielestä lääninsairaaloista piti tehdä keskussairaaloita, joissa voitaisiin keskittyä erikoissairaanhoitoon. Toinen maailmansota kuitenkin hidasti suunnitelmia. Toisaalta, Kaarnisen ja Kiuasmaan (1988, 21) mukaan sota, niin hirveä kuin se onkin, saattoi kuitenkin edesauttaa keskussairaaloiden verkoston luomista. Näin siksi, koska sodan aikana erityissairaanhoidon tarve sotavammojen johdosta oli lisääntynyt entisestään. Vuonna 1941 lääkintöhallitus antoikin esityksen keskussairaaloiden perustamisesta. Asiaa koskeva laki hyväksyttiin eduskunnassa vuonna 1943. Keskussairaalalaki velvoitti kunnat osallistumaan keskussairaaloiden kustannuksiin 50 prosentilla (Keskussairaalalaki 1943).

Lääkintälaitos oli kokonaisuus, joka sisälsi alan viranomaiset, laitokset ja henkilöstön. Organisaationa lääkintälaitoksen tarkoituksena on tuottaa lääketieteellisiin perusteisiin nojautuvia toimenpiteitä. Lääkintälaitosten tehtävät olivat hoitopalvelujen tuottaminen. Lääkintälaitokset tarjosivat suoria terveyspalveluja potilaille, mukaan lukien diagnoosi, hoito ja kuntoutus. Terveydenhuolto, joka tarkoittaa toimivan lääkintälaitoksen tuottamia terveyspalveluita, voitiin jakaa kolmeen osaan: terveydenhoitoon, sairaanhoitoon ja lääkinnälliseen kuntoutukseen. Sairaanhoito ja lääkinnällinen kuntoutus kohdistuvat yksilöön. Terveydenhoito jakautuu puolestaan yksilöön kohdistuvaan terveydenhoitoon ja ympäristön terveydenhoitoon. Ympäristön terveydenhoidon tavoitteena on yksilölle terveellisen ympäristön luominen. Lääkintälaitokset toimivat myös terveydenhuollon ammattilaisten koulutuksen ja työllistymisen paikkoina.

Piiri- ja kotilääkärijärjestelmä

Suomessa etenkin maaseudun sairaanhoidon järjestäminen oli haasteellista, sillä vuonna 1820 noin 1 200 000 asukasta ja piirilääkäreitä oli 24. Piirilääkärijärjestelmän tehtävänä oli ehkäisevä terveydenhuolto ja huomio oli erityisesti tartuntatautien leviämisen vastustamisessa. Sairaanhoitoa tehtiin mahdollisuuksien mukaan, sillä se ei 'sisältynyt virallisiin tehtäviin. Vuonna 1880 piirilääkäreitä oli Suomessa kaikkiaan 53. Maaseudulla heistä asui alle puolet. Piirilääkäri oli aiemmin valtion palveluksessa oleva virkalääkäri. Suomen ensimmäinen piirilääkäri palkattiin Pohjanmaalle vuonna 1749. Piirilääkärin päätehtävä oli huolehtia oman piirinsä alueella asuvan väestön terveyden- ja sairaanhoidosta. Lisäksi piirilääkärin tehtäviin kuului kotieläinten lääkintähuolto. Piirilääkärit olivat saaneet monipuolisen lääketieteellisen koulutuksen. Piirilääkärijärjestelmä lakkautettiin vuonna 1939. Tunnettuja piirilääkäreitä olivat esimerkiksi Elias Lönnrot, Kajaani, Zacharias Topelius vanhempi, Uusikaarlepyy ja Lars Isak Ahlstubbe, Tampere. (Nenonen, Teerijoki 1998, Pesonen 1990.)

Piiri- ja kotilääkärijärjestelmä on ollut keskeinen osa Suomen terveydenhuoltojärjestelmää, erityisesti ennen modernin terveydenhuollon kehittymistä. Tämä järjestelmä perustui pitkälti paikallisten lääkäreiden tarjoamiin palveluihin, jotka olivat saavutettavissa lähellä potilaiden kotia. (Pesonen 1990.)

Historiallisesti, 1800-luvulla ja 1900-luvun alussa, piirilääkärit olivat vastuussa suurten maantieteellisten alueiden terveydestä. Heidän tehtäviinsä kuului sekä tartuntatautien torjunta että yleinen sairaanhoito. Piirilääkärijärjestelmä perustettiin alun perin vastaamaan suurten nälkävuosien ja muiden kriisien aiheuttamiin terveyshaasteisiin. Tähän liittyi myös ravinnon ja hygienian parantaminen sekä kulkutautien ehkäiseminen ja hoito. (https://kalmistopiiri.fi 2021.)

Vaikka piirilääkärijärjestelmä ei ole enää samassa muodossa käytössä, sen perintö näkyy edelleen paikallisen terveydenhuollon järjestämisessä ja ennaltaehkäisevässä työssä. Näiden historiallisten mallien vaikutukset näkyvät edelleen suomalaisen terveydenhuollon laadussa ja kattavuudessa. (Pesonen 1990.)

Suuret nälkävuodet 1860-luvun lopulla aktivoivat huolet maaseudun hoito-ongelmista. Maaseudulla asuvia haluttiin myös sivistää, sillä sen nähtiin liittyvän omasta terveydestä huolehtimiseen. Parannusta terveydenhuoltoon ajoivat kunnissa erityisesti sivistyneistö. Talonpojat kannattivat sairaanhoito-ongelman ratkaisemista valtion varoilla piirilääkäreiden määrää kasvattamalla. Aatelisto ja porvaristo näkivät sairaanhoidon järjestämisen kuuluvan kunnille. Yleinen terveydenhoito säilyi ensisijaisena piirilääkäreiden toiminnan ja asuinpaikan määrääjänä. Toisella sijalla tuli yksilöllinen sairaanhoito. Vuoden 1865 kunnallisuudistuksella ja vuoden 1879 terveydenhoitoasetuksella kunnille asetettiin velvollisuuksia kuntalaisten terveydenhoitoon ja sairaanhoitoon liittyen. Kun piirilääkäreiden määrää ei lisätty, niin kuntien ainoaksi vaihtoehdoksi jäi omien lääkäreiden palkkaaminen. Ensimmäinen kunnanlääkäri palkattiin vuonna 1882. Vuodesta 1885 eteenpäin senaatti suostui lähes kaikkiin pyyntöihin palkka-avusta. Valtionavun määräksi vakiintui noin puolet maksetusta palkasta. Se voidaan nähdä kompromissina aiempaan kiistaan siitä, kenelle kustannukset sairaanhoito-ongelman ratkaisemisesta kuuluivat. Kunnanlääkäreiden määrä lähti palkka-avun käynnistämisen jälkeen kasvuun. (Pesonen 1990.)

Tärkeimpänä tehtävänä kunnanlääkärillä oli kuntalaisten yksilökohtaisesta sairaanhoidosta huolehtiminen ja hänen oli ilmoitettava kiinteät vastaanottoajat sekä se missä hän milloinkin oli tavoitettavissa. Kunnanlääkäri valvoi lisäksi piirinsä terveydenhoidollisia olosuhteita ja osallistui sairaalatyöhön niissä piireissä, joissa oli sairaala tai sairastupa. Tapaturmapotilaita tuli usein vastaanottoajan ulkopuolella. Vastaanotto sijaitsi kunnanlääkärin asunnon yhteydessä. Lääkäri teki tartuntatautitilanteesta ilmoituksen piirilääkärille kerran kuukaudessa. Hän puhdisti itse instrumentit vastaanoton jälkeen ja steriloi välineet keittämällä. Kotiapulainen hoiti siivouksen ja huolehti lämmityksestä. Terveydenhoidollisten olosuhteisiin vaikuttamiseen ja niiden valvontaan kunnanlääkäri osallistui kunnallislautakunnassa, sekä terveyslautakunnassa niissä harvoissa tapauksissa, kun kuntaan oli sellainen perustettu. (Ristola 2019, https://kalmistopiiri.fi 2021.)

Kaupunginlääkärien palkkaaminen 1840-luvulta alkaen paransi lääkäritilannetta. Esimerkiksi Turkuun tuli piirilääkäri vuonna 1754, sairaala 1759 ja porvarien kustantama kaupunginlääkäri 1755. Kaupunginlääkäri muuttui vuonna 1827 kaupungin palkkaamaksi. (Pesonen 1990.)

Lasten neuvolatoiminnan kehitys Suomessa

Suomalainen neuvolajärjestelmä on tullut tunnetuksi kaikkialla maailmassa. Sen hyvä maine on perustunut mm. vähäiseen imeväis- ja äitiyskuolleisuuteen. Elias Lönnrot esitti jo 1800-luvun puolivälissä käytännön lääkärin työssä toimiessaan selväpiirteisen ajatuksen lastenhoidon neuvonnan aloittamisesta kaikilla paikkakunnilla. Hän saattanee olla jopa kansainvälisesti pioneeriasemassa, sillä ensimmäiset tiedot muualta maailmasta ovat vasta 1800- ja 1900-lukujen vaihteesta.

Arvo Ylppö (1887–1992) oli merkittävä suomalainen lastentautien erikoislääkäri ja professori, joka tunnetaan erityisesti neuvolatoiminnan kehittäjänä Suomessa. Hänen työnsä ja innovaationsa ovat olleet ratkaisevassa roolissa suomalaisen neuvolajärjestelmän perustamisessa ja kehittämisessä.

Arvo Ylppö valmistui lääketieteen tohtoriksi vuonna 1914 ja työskenteli Saksassa tunnetussa lastenklinikassa, jossa hän sai vaikutteita nykyaikaisista lastentautien hoitokäytännöistä. Palattuaan Suomeen vuonna 1920 hän alkoi soveltaa Saksassa oppimiaan menetelmiä ja tietoja Suomen olosuhteisiin. Ylppö nimitettiin Helsingin Yliopiston lastenklinikan johtajaksi vuonna 1925.

Ylppö oli keskeinen hahmo ensimmäisten neuvoloiden perustamisessa. Neuvolatoiminnan alkuvuosikymmeninä Suomessa elettiin vielä ns. kehitysmaavaihetta. Niinpä vuonna 1930 imeväiskuolleisuus oli lähes 10 %. Tilanne on tällainen enää vain heikosti edistyneissä kehitysmaissa. On selvää, että työ oli tuolloin keskitettävä lasten sairastavuuden ja kuolleisuuden ehkäisyssä suuriin tautiryhmiin. Ylpön näkemyksen mukaan lasten terveydenhoito tuli aloittaa jo varhaisessa vaiheessa, ja siksi hän painotti ennaltaehkäisevää terveydenhuoltoa (Lääkintöhallitus 1990).

Ylppö korosti äitiys- ja lastenneuvoloiden yhteistoimintaa, mikä mahdollisti koko perheen terveyden ja hyvinvoinnin seuraamisen ja tukemisen. Ylppö oli aktiivinen myös terveydenhuollon ammattilaisten koulutuksessa. Hän korosti erityisesti neuvoloissa työskentelevien sairaanhoitajien ja lääkäreiden koulutuksen merkitystä. Hän oli mukana perustamassa Lastenlinnaa, joka avattiin vuonna 1946. Lastenlinna toimi merkittävänä tutkimus- ja hoitolaitoksena, jossa kehitettiin ja testattiin neuvolatoiminnan käytäntöjä (Kouvalainen 1993).

Ylpön johdolla neuvoloissa otettiin käyttöön systemaattinen seurantajärjestelmä, jossa mitattiin lasten kasvua ja kehitystä. Hän kehitti myös ravitsemusohjeita ja antoi neuvoja imetyksen tärkeydestä. Lastenneuvolatoiminta aloitettiin Suomessa Maitopisarayhdistyksen toimesta syksyllä 1904. Se oli aluksi puhtaasti aatteellista. Niinpä

70

ensimmäisen neuvolan lääkäri Elis Lövegren piti vastaanottonsa ilman palkkiota. Näitä neuvonta-asemia perustettiin sittemmin kaikkiaan 20 paikkakunnalle. (Kouvalainen 1995.)

Suomessa neuvolatoiminta lähti varsinaisesti kehittymään Arvo Ylpön ja Mannerheimin Lastensuojeluliiton toiminnan ansiosta 1920-luvulla (Korppi-Tommola 1990). Neuvolanimityksen keksijä on professori Viljo Rantasalo, jonka osuus neuvoloiden kehittämisessä on myös merkittävä. Mannerheimin Lastensuojeluliitto näytteli erittäin keskeistä osaa suomalaisen lastenneuvolatoiminnan järjestämisessä aina vuoteen 1944 saakka, jolloin annettiin laki neuvoloiden kunnallistamisesta. Se perusti ensimmäisen neuvolan Helsinkiin vuonna 1922. Äitiysneuvolat aloittivat toimintansa neljä vuotta myöhemmin. Neuvolatoiminta alkoi yksityisten järjestöjen ja yhteisöjen aloitteesta, ja se keskittyi erityisesti köyhien perheiden auttamiseen (Kouvalainen 1995).

Vuonna 1939 neuvoloita oli 150 (Korppi-Tommola 1990). Toisen maailmansodan jälkeen Suomessa alkoi neuvolatoimintojen voimallinen kehittäminen. Mannerheimin Lastensuojeluliitto oli edelleen mukana kuntien tukena rakentamassa neuvolajärjestelmää. Niinpä se vastasi lähes kolmasosasta terveystalojen rakennuskustannuksista. 1940-luvulla neuvolatoiminta sai valtiolta yhä enemmän tukea. Vuonna 1944 säädettiin asetus, joka velvoitti kuntia järjestämään äitiys- ja lastenneuvolatoimintaa. Vuonna 1945 Suomessa toimi 367 pää- ja 473 sivuneuvolaa (Korppi-Tommola 1990).

Arvo Ylppö oli neuvolatoiminnan pioneeri ja merkittävä vaikuttaja suomalaisessa lastenterveydenhuollossa. Hänen innovatiivinen lähestymistapansa, laaja tietämyksensä ja intohimonsa lasten terveyden edistämiseen ovat jättäneet pysyvän jäljen Suomen terveydenhuoltoon. Ylpön perintö näkyy edelleen neuvoloiden toiminnassa, jotka tarjoavat laadukasta ja kattavaa terveydenhoitoa lapsille ja perheille ympäri maan. Ylpön työn ansiosta neuvolatoiminta levisi nopeasti koko Suomeen, ja siitä tuli olennainen osa suomalaista terveydenhuoltojärjestelmää. (Korppi-Tommola 1990.)

Ylpön työ sai kansainvälistä tunnustusta, ja Suomen neu-
volajärjestelmää pidetään edelleen esikuvana monille
muille maille. Arvo Ylpön perintö elää edelleen Suomen
neuvolatoiminnassa. Hänen visionäärisyytensä ja panok-
sensa ovat tehneet suomalaisesta neuvolajärjestelmästä
yhden maailman parhaista.

Rokotteiden antamisen kehitys Suomessa 1940-luvulle asti

Ylppö oli tärkeässä roolissa rokotusohjelmien suunnitte-
lussa ja toteutuksessa. Hänen työnsä ansiosta rokotukset
tulivat osaksi neuvolatoimintaa, mikä paransi merkittävästi
lasten terveyttä ja vähensi tartuntatauteja. Rokotteiden
antamisen kehitys Suomessa on ollut pitkä ja merkittävä,
mikä on johtanut monien tartuntatautien lähes täydelliseen
häviämiseen ja väestön terveydentilan parantumiseen.
(Kouvalainen 1995.) Isorokkorokotus tuli Suomessa pa-
kolliseksi vuonna 1883. Tämä oli yksi ensimmäisistä laa-
jasti käytetyistä rokotuksista ja auttoi merkittävästi vähen-
tämään isorokon esiintyvyyttä.

1900-luvun alussa Suomessa otettiin käyttöön tuberkke-liini koetus tuberkuloosin havaitsemiseksi. BCG-rokote tuberkuloosia vastaan otettiin käyttöön vuonna 1941. Tämä oli erityisen tärkeä keino torjua tuberkuloosia, joka oli yleinen ja vakava tauti. (Kouvalainen 1995.)

Vaivaishoitohallitus

Vaivaishoitohallitus oli suomalainen järjestelmä, joka hoiti köyhien ja avun tarpeessa olevien ihmisten asioita. Tämä hallintoelin toimi erityisesti 1800- ja 1900-lukujen vaihteessa. Vaivaishoitohallitukset perustettiin vuoden 1865 kunnallisasetuksen myötä, ja niiden tehtävänä oli panna toimeen kunnan päätöksiä sekä valvoa vaivaishoitoasetuksen ja -ohjesäännön noudattamista (Wikipedia, vapaa tietosanakirja 2024).

Vaivaishoitohallitus jakoi kunnan alueen peräänkatsomusalueisiin, joihin valittiin jäsen valvomaan alueen tilannetta. Apua tarvitsevien piti ilmoittaa tarpeistaan hallituksen jäsenelle, joka hankki tarkat tiedot heidän

elinolosuhteistaan ja esitteli asian hallitukselle. Kiireelli-
sissä tapauksissa apua voitiin myöntää puheenjohtajan
päätöksellä. Vaivaishoitohallitus valvoi myös, että myön-
netty apu käytettiin oikein. Vuonna 1889 tuli mahdolliseksi
myös naisten valinta vaivaishoitohallitukseen, ja ensim-
mäinen nainen, Cecilia Blomqvist, toimi merkittävänä so-
siaalityön uranuurtajana (Wikipedia 2024).

Vuonna 1922 säädetyn köyhäinhoitolain myötä vaivaishoi-
tohallitukset lakkautettiin, ja niiden tehtävät siirrettiin uusiin
köyhäinhoitolautakuntiin. Tämä laki astui voimaan vuonna
1923 (Wikipedia, vapaa tietosanakirja 2024).

Punaisen Ristin Apusisarjärjestö

Punaisen Ristin Apusisarjärjestö perustettiin jatkosodan
aikana vastaamaan hoitotyön tarpeisiin sairaaloissa ja
muissa vaativissa tehtävissä. Järjestö koulutti yli 3 500
nuorta naista, jotka työskentelivät pääasiassa sotasairaa-
loissa, mutta myös vankileireillä ja siviilisairaanhoidossa.

Apusisaret tekivät työtä yhdessä lääkintälottien kanssa, ja heidän tehtäviinsä kuului potilaiden hoidon avustaminen, instrumenttien sterilointi sekä erilaisten huolto- ja hoitotoimenpiteiden suorittaminen. (Wikipedia, vapaa tietosanakirja 2024, Suomen Punainen Risti 2024.)

Apusisarten toiminta oli monipuolista ja vaati suurta omistautumista. He työskentelivät usein tiukoissa olosuhteissa, kuten yöllisissä valvontatehtävissä haavoittuneiden potilaiden parissa. Työ sisälsi myös paljon fyysistä ponnistelua, kuten vuoteiden sijausta ja siteiden vaihtamista. Järjestön toiminta oli tärkeää erityisesti hoitajapulan aikana, ja sodan jälkeen apusisaret osallistuivat edelleen sairaanhoitoon hoitajapulan helpottamiseksi (Tuuteri 1998, Wikipedia, vapaa tietosanakirja 2024).

Sotien jälkeen Suomen valtio aloitti apuhoitajakoulutuksen, minkä myötä Punaisen Ristin apusisarkoulutus lopetettiin vuonna 1951. Apusisaret eivät kuitenkaan ole saaneet ansaitsemaansa arvostusta, ja heidän työpanoksensa on usein jäänyt unohduksiin, vaikka he tekivät merkittävää työtä sairaanhoidossa ja avustustoiminnassa sodan aikana ja sen jälkeen. (Tuuteri 1998, Suomen Punainen Risti 2024.)

Terveydenhoitolautakunnat 1800-luvun lopulla

Aluksi terveydenhoidon järjestäminen Suomessa oli pitkälti kirkon ja yksityisten lääkäreiden varassa. 1800-luvun puoliväliin mennessä alkoi kuitenkin kehittyä kunnallisia ja valtiollisia terveydenhuoltotoimia. 1800-luvun puolivälissä ja loppupuolella lainsäädäntö alkoi muuttua. Merkittävä askel oli vuoden 1879 kunnallislaki, joka asetti perustan paikalliselle itsehallinnolle ja samalla velvoitti kuntia huolehtimaan asukkaidensa terveydenhuollosta. Tämä laki antoi kunnille oikeuden perustaa terveydenhoitolautakuntia. Terveydenhoitolautakunnat koostuivat paikallisista viranomaisista ja asiantuntijoista.

Ensimmäinen terveyslautakunta maaseudulle perustettiin Konrad Relanderin mukaan Hollolaan 1880-luvun ensimmäisellä puoliskolla. Ensimmäisen lautakunnan tehtäväksi määrättiin karjapihojen siirtäminen asuinhuoneistojen edestä, paikallaan seisovien ja haisevien vesien johtaminen pois nurkista, kaivon tarkastaminen sekä asuntojen rakentamisen valvonta. Suomessa perustettiin terveydenhoitolautakuntia kunnallisten terveydenhoitolakien nojalla, joita alettiin säätää 1800-luvun loppupuolella. 1800-luvun lopulla monet kunnat perustivat terveydenhoitolautakuntia, joiden tehtävät ja vastuut vaihtelivat kunnittain.

Lautakunnat vastasivat paikallisista toimista tartuntatautien leviämisen estämiseksi. Tämä sisälsi karanteenien järjestämisen ja terveysvalistuksen. Heidän tehtäviinsä kuului esimerkiksi tartuntatautien torjunta, puhtaan veden saannin turvaaminen ja juomaveden laadun valvonta, jätehuollon ja muiden ympäristöterveyteen liittyvien asioiden valvonta, viemäröinnin järjestäminen sekä yleisen hygienian parantaminen sekä katujen puhtaudesta vastaaminen. Myös ympäristöjen hygienian ylläpito sisältyi lautakuntien tehtäviin. Näillä toimenpiteillä pyrittiin vähentämään epidemioiden riskiä.

Rokotusten järjestäminen oli myös keskeinen tehtävä, erityisesti isorokkorokotusten osalta. Lautakunnat huolehtivat rokotusten järjestämisestä niin, että esimerkiksi isorokkorokotukset tulivat laajamittaisesti käyttöön.

Edelleen tehtäviin kuului terveydenhuollon infrastruktuuri. Lautakunnat edistivät terveyskeskusten, sairaaloiden ja muiden terveydenhuollon laitosten perustamista ja toimintaa. Lautakunnat saattoivat järjestää lääkärinpalveluita ja ylläpitää sairastupia tai muita terveydenhoitoon liittyviä laitoksia ja pyrkivät myös parantamaan äitien ja vastasyntyneiden terveydenhuoltoa. Kansalaisille suunnattu terveysvalistus oli myös terveydenhoitolautakuntien vastuulla. Kansanterveydellinen valistus oli olennainen osa lautakuntien työtä. Koulutusta ja tiedotusta lisättiin esimerkiksi hygienian ja terveiden elämäntapojen osalta. Terveydenhoitolautakuntien toiminnan ansiosta yleinen terveystilanne parani huomattavasti. Tartuntataudit saatiin paremmin hallintaan, ja elinolosuhteet kohenivat. (STM 2013.)

1800-luvulla Suomessa terveydenhoitolautakunnat muodostivatkin tärkeän osan paikallista terveydenhuoltoa.

Niiden rooli ja toiminta kehittyivät ajan myötä, kun yhteiskunnalliset muutokset ja kansanterveyden parantaminen tulivat entistä ajankohtaisemmiksi. Näiden lautakuntien perustaminen liittyi laajempaan kansanterveyden parantamiseen tähtäävään liikkeeseen, joka alkoi teollistumisen ja kaupungistumisen myötä.

1800-luvun loppupuolella Suomi koki merkittävää teollistumista ja kaupungistumista. Tämä johti väestönkasvuun ja tiheämpään asutukseen, mikä puolestaan lisäsi tartuntatautien ja epidemioiden riskiä taajamaolosuhteissa. Parantuneet elinolosuhteet ja kansanterveyden edistäminen nousivatkin keskeisiksi yhteiskunnallisiksi tavoitteiksi. Terveydenhoidon uudistaminen vaati monipuolisia organisointijärjestelmiä väestön hyvinvoinnin turvaamiseksi.

Terveydenhoitolautakunnat kohtasivat monia haasteita. Kunnilla oli usein rajalliset resurssit, ja terveydenhoitopalveluiden kattavuus sekä laatu vaihtelivat suuresti. Lisäksi lääketieteellinen tieto ja käytännöt olivat kehittymässä, mikä vaikutti terveydenhoidon tehokkuuteen.

1800-luvun terveydenhoitolautakunnat olivat siis tärkeä osa terveydenhuollon kehitystä Suomessa. Terveydenhoitolautakunnat olivat keskeinen osa kansanterveyden kehittämistä. Ne loivat perustan myöhemmille terveydenhuollon järjestelmille ja auttoivat parantamaan kansanterveyttä aikana, jolloin yhteiskunta oli merkittävässä muutoksessa. Vaikka niiden toiminta ja resurssit olivat usein rajallisia, niiden vaikutus kansanterveyteen ja paikallisen terveydenhuollon kehitykseen oli merkittävä. Näiden lautakuntien työ loi pohjan modernille terveydenhuollolle Suomessa. Monet nykyiset käytännöt ja rakenteet juontavat juurensa tämän ajanjakson uudistuksista. Heidän työnsä vaikutukset näkyvät edelleen nykypäivän terveydenhuollossa ja kansanterveydessä. (Pesonen 1980, 1990.)

Sosiaalihallitus 1917

Sosiaali- ja terveysministeriön historia on hiukan pidempi kuin itsenäisen Suomen historia. Suomen itsenäistyminen Venäjästä joulukuussa 1917 loi perustan uusien hallinnollisten rakenteiden luomiselle, mukaan lukien terveydenhuoltoon ja sosiaaliturvaan keskittyvien virastojen ja ministeriöiden perustamisen. Suomen itsenäistyessä sosiaalihuollon ja terveydenhuollon kysymykset olivat keskeisiä. Väestön hyvinvoinnin parantaminen ja köyhyyden torjuminen olivat tärkeitä tavoitteita. (STM 2017.)

Noin kuukautta ennen Suomen itsenäistymistä sosiaaliasiain esittely erotettiin senaatissa kauppa- ja teollisuustoimikunnasta sosiaalitoimituskuntaan. Sen toimialaan kuuluivat muun muassa köyhäinhoito, sosiaalivakuutus ja raittiuden edistäminen. (STM 2017.)

Asetus senaatin uudelleenjärjestelymuutoksesta annettiin 8.11.1917. Päivää voidaan pitää sosiaalihallinnon syntymäpäivänä Suomessa. Nykyaikainen sosiaalihallinto oli saanut alkunsa. Melko monen mutkan kautta sosiaalitoimituskunnasta tuli nykyinen sosiaali- ja terveysministeriö. (STM 2017.)

Itsenäinen sosiaalitoimikunta perustettiin sosiaaliasioiden esittelyä varten. 1920- ja 1930-luvuilla aloitettiin sosiaalivakuutusjärjestelmän kehittäminen. Sen suunnittelu oli alkanut jo 1880-luvulla.

Ennen sotia sosiaaliministeriön toiminta keskittyi pääasiassa kurjuuden torjumiseen. Köyhien, irtolaisten ja alkoholistien huolto, lastensuojelu ja raittiuden edistäminen sekä työväensuojelu olivat tuolloin ministeriön arkipäivää. Sotien jälkeinen aika alkoi myös sosiaaliministeriössä jälleenrakentamisella. Ministeriön toimenkuvaan kuului sodassa kärsineiden ja vammautuneiden auttaminen. 1940-luvun lopulla käynnistettiin lapsilisäjärjestelmä. (STM 2017.)

Sosiaaliasiain esittely erotettiin senaatissa kauppa- ja teollisuustoimikunnasta sosiaalitoimituskuntaan, jonka toimialaan kuuluivat muun muassa työväenasiat, köyhäinhoito, sosiaalivakuutus ja raittiuden edistäminen. Työväenasiat sisälsivät esimerkiksi työväen suojelun, työnvälityksen ja työttömyyden, työriidat sekä työväen asuntokysymyksen. Sosiaalitoimituskunnan alaisuuteen perustettiin myös sosiaalihallitus, jolle kuuluivat lähinnä toimeenpanoon liittyvät tehtävät. Sen tehtävänä oli vastata sosiaalihuollosta, köyhäinhoidosta, työttömyyden hoidosta, terveydenhuollosta ja kansanterveydestä sekä julkisesta terveysvalistuksesta. (STM 2017.)

Sosiaalihallitus vastasi köyhien ja vähävaraisten tukemisesta, joka oli suuri haaste sisällissodan jälkeisessä Suomessa. Tämä sisälsi muun muassa ruoka-avun ja asumistuen järjestämisen. Työttömyyden hoito oli tärkeä osa Sosiaalihallituksen työtä, ja erilaisia työttömyystukia ja -ohjelmia kehitettiin. Sosiaalihallitus pyrki parantamaan terveydenhuoltoa ja hygienian tasoa erityisesti maaseudulla, missä terveydenhuollon palvelut olivat heikoimmin saatavilla. (STM 2017.)

Alkuvuosina alettiin kehittää myös lainsäädäntöä, joka tukisi sosiaalihuollon ja terveydenhuollon tavoitteita. Esimerkiksi kansaneläkelaki ja työsuojelulainsäädäntö olivat tärkeitä uudistuksia. Sosiaalihallitus kehittyi ajan myötä ja vuonna 1922 se jaettiin kahtia, jolloin syntyivät Terveydenhoitohallitus ja Sosiaalihallitus erillisinä virastoina. Sosiaali- ja terveysministeriö, alkuperäiseltä nimeltään Sosiaalihallitus, perustettiin vuonna 1917 vastaamaan Suomen sosiaalihuollon ja terveydenhuollon tarpeisiin. Se oli keskeinen toimija köyhäinhoidon, työttömyyden hoidon ja kansanterveyden edistämisessä itsenäistyneen Suomen alkuvuosina. Ministeriön työ loi perustan modernille hyvinvointivaltiolle ja on ollut merkittävässä roolissa Suomen sosiaalipoliittisen järjestelmän kehityksessä. (STM 2017.)

Sosiaalitoimituskunnan nimi muutettiin 1918 sosiaaliministeriöksi, ja vuonna 1922 sosiaalihallinto keskitettiin yhdistämällä sosiaaliministeriö ja sosiaalihallitus. Ministeriössä oli yhdistymisen jälkeen muun muassa raittiusosasto, työasiaintoimisto, köyhäinhoitotoimisto, vakuutustoimisto ja lastensuojelutoimisto. Ensimmäinen sosiaaliministeriöstä esitelty asia oli eduskunnan vastaus esitykseen kahdeksan tunnin työajasta. (STM 2013.)

Aluksi sosiaaliministeriön toiminta keskittyi kurjuudentorjumiseen. Köyhien, irtolaisten ja alkoholistien huolto, lastensuojelu ja raittiuden edistäminen olivat ministeriön arkipäivää. Suomeen yritettiin 1920- ja 1930-luvuilla kehittää myös sosiaalivakuutusjärjestelmää, jonka suunnittelu oli alkanut niinkin varhain kuin vuonna 1888.(STM 2013.)

Vanhuus-, työkyvyttömyys- tai sairausvakuutuksen kehittäminen oli ajan ilmapiirissä hyvin vaikeaa. Sosiaalivakuutuksen jälkeenjääneisyys tiedostettiin myös kansainvälisessä vertailussa, mutta silti työväen tapaturmavakuutus oli pitkään ainoa sosiaalivakuutuksen muoto Suomessa. Vasta vuonna 1937 hyväksyttiin kansaneläkelaki, joka tarjosi vakuutetuille eläketurvan vanhuuden ja työkyvyttömyyden varalle. Vuonna 1930 säädettyä työturvallisuuslakia voidaan pitää ensimmäisenä askeleena kohti kattavampaa työsuojelusäännöstöä. (STM 2017.)

1940-luvulla toteutettiin merkittäviä perhepoliittisia uudistuksia, kuten lapsilisät ja kodinperustamislainat, sekä kehitettiin äitiysavustusta ja neuvolaverkostoa. Lisäksi 1940-luvulla säädettiin muun muassa työehtosopimuslaki ja laki työriitojen sovittelusta. Laki mahdollistaa työehtosopimusten solmimisen ja määrittelee työrauhaa koskevia säännöksiä. Laki mahdollisti valtakunnansovittelijan viran perustamisen ja sääti työriitojen sovittelun periaatteet. Sovittelijan tehtävänä oli edistää työmarkkinajärjestöjen välistä yhteistyötä, johtaa neuvotteluja ja tarvittaessa sovitella työriitoja koko maassa. Näiden lakien myötä työelämän sääntely vahvistui ja työrauhaa ylläpidettiin. (STM 2013.)

Sosiaalihallituksen työ loi perustan Suomen nykyiselle sosiaali- ja terveydenhuollon järjestelmälle. Monet alkuvaiheessa aloitetut toimenpiteet ja lainsäädäntöuudistukset ovat edelleen tärkeitä osia Suomen hyvinvointivaltiota. (STM 2013.)

Köyhäinhoitolautakunta 1922

Ennen vuotta 1956 köyhäinhoito perustui pitkälti kunnalliseen avustamiseen. Kunnat vastasivat vähävaraisten ja avun tarpeessa olevien kansalaisten huolenpidosta. Köyhäinhoitolautakunta oli suomalainen kunnanvaltuuston alainen elin, joka vastasi köyhäinhoidosta eli köyhien ja avun tarpeessa olevien henkilöiden auttamisesta. Vuonna 1922 köyhäinhoitolautakunnat toimivat osana Suomen kunnallishallintoa, ja niiden tehtävänä oli käytännössä huolehtia sosiaalihuollosta.

Köyhäinhoitolautakunnan tehtävät vuonna 1922 pääasiassa jakautuivat köyhäinavun jakamiseen, sosiaalisten palveluiden järjestämiseen, lasten ja vanhusten hoitoon ja työllistämiseen.

Lautakunta vastasi köyhäinavun rahallisen ja aineellisen avun myöntämisestä vähävaraisille henkilöille ja perheille. Apua saivat ne, jotka eivät kyenneet itse elättämään itseään ja perhettään. Sosiaalisten palveluiden järjestäminen sisälsi esimerkiksi köyhäintalojen ja muiden hoitopaikkojen ylläpidon, joissa asunnottomat ja muut avun tarpeessa olevat saattoivat asua. Lasten ja vanhusten hoidossa lautakunta kiinnitti erityistä huomiota lasten ja vanhusten hyvinvointiin. Köyhäinhoitolautakunta saattoi myös työllistää ja järjestää työtä ja koulutusta, jotta avun saajat voisivat parantaa omaa toimeentuloaan.

Vuonna 1922 köyhäinhoitoa sääntelivät useat lait, kuten Köyhäinhoitolaki, joka oli säädetty vuonna 1922 ja määritteli köyhäinhoitolautakunnan velvollisuudet ja toimivallan. Lain tavoitteena oli varmistaa, että köyhäinhoito olisi yhtenäistä koko maassa.

Lautakunnan jäsenet valittiin kunnallisvaaleissa, ja se koostui tavallisesti paikallisista luottamushenkilöistä, jotka tunsivat hyvin oman kuntansa olosuhteet ja tarpeet.

Köyhäinhoitolautakunta oli tärkeä osa suomalaista sosiaaliturvajärjestelmää ennen nykyisten sosiaalihuollon rakenteiden syntyä. Se toimi keskeisessä roolissa köyhyyden lievittämisessä ja vähäosaisten auttamisessa yhteiskunnassa. Köyhäinhoitoon liittyi usein voimakas sosiaalinen stigma. Apua hakevia saatettiin pitää laiskoina tai kyvyttöminä, ja köyhäinhoito oli usein nöyryyttävää.

Suomen hyvinvointiyhteiskunnan rakentamisesta 1950- luvulta 2020-luvulle

Suomen perustuslaki (731/1999) on Suomen peruslaki, joka astui voimaan 1. maaliskuuta 2000. Se yhdisti ja korvasi aikaisemmat perustuslait. Perustuslaki on Suomen oikeusjärjestelmän perusta, joka säätelee valtion perusjärjestystä, kansalaisten perusoikeuksia ja julkisen vallan käyttöä. Perustuslaki on tärkein laki Suomessa ja mahdollistaa hyvinvointiyhtiskunnan rakentamisen ja kehittämisen. Perustuslaki takaa kansalaisten perusoikeudet, kuten yhdenvertaisuuden, henkilökohtaisen vapauden, sananvapauden, kokoontumisvapauden, uskonnonvapauden ja sosiaaliturvan. Perustuslaki määrittelee Suomen valtiollisen järjestyksen, kuten eduskunnan, presidentin, valtioneuvoston, tuomioistuinten ja hallinnon toimivallan ja tehtävät. Perustuslaki korostaa demokratian ja oikeusvaltion periaatteita, mukaan lukien vallan kolmijako, perus- ja ihmisoikeuksien kunnioittaminen ja laillisuusperiaate. Laki edistää kansalaisten osallistumista päätöksentekoon muun muassa vaalien ja kansalaisaloitteiden kautta.

1950-luvulla, sotakorvausten jälkeen, Suomi alkoi toipua sodan jälkeisestä ajasta ja talous alkoi kasvaa. Sotien jälkeinen pitkä talouskasvun ja jälleenrakentamisen aika loi hyvät edellytykset hyvinvointiyhteiskunnan kehittämiselle. Tämä vuosikymmen oli tärkeä perustusten luomisen kannalta. Silloin saivat alkunsa kansaneläkejärjestelmä ja sairaalalaitos. Vuoden 1956 kansaneläkelain uudistus kohti kattavampaa sosiaaliturvajärjestelmää otettiin, kun kansaneläkelaki säädettiin. Työeläkelain kehittäminen 1960-

luvulla toi koko ammatissa toimivan väestön sosiaaliturvan piiriin. Myös muuta sosiaalivakuutusjärjestelmää kehitettiin ja uudistettiin aktiivisesti. 1960-luvun tärkeitä uudistuksia olivat työeläkejärjestelmän käynnistäminen ja sairausvakuutuslaki. Kansanterveyslaki (1960) paransi kansanterveyden palveluja ja johti terveyskeskusten perustamiseen.

Köyhäinhoidosta huoltoapuun 1956

Köyhäinhoidosta huoltoapuun siirtyminen vuonna 1956 merkitsi merkittävää muutosta Suomen sosiaaliturvajärjestelmässä. Tämä muutos oli osa laajempaa kehitystä, jossa Suomi siirtyi vähitellen köyhäinhoidosta kohti modernia hyvinvointivaltiota.

Vuonna 1956 astui voimaan laki huoltoavusta (Huoltolaki 141/1956), joka merkitsi huomattavaa edistystä Suomen sosiaaliturvajärjestelmässä. Tämän lain myötä köyhäinhoito korvattiin huoltoavulla, joka oli modernimpi ja vähemmän leimaava tapa tarjota apua. Huoltoavun myöntämisessä otettiin käyttöön yhtenäiset kriteerit, jotka

91

perustuivat tarveharkintaan. Tämä auttoi vähentämään mielivaltaisuutta avun myöntämisessä.

Uusi järjestelmä oli Inhimillisempi lähestymistapa ja pyrki kohtelemaan avun saajia kunnioittavammin ja vähemmän leimaavasti kuin vanha köyhäinhoitojärjestelmä. Huolto-apu koostui pääasiassa rahallisesta tuesta, joka myönnet-tiin perheen koon ja tarpeiden perusteella.

Huoltoavun myötä sosiaalihuollon työ alkoi ammattimais-tua. Koulutetut sosiaalityöntekijät ottivat yhä suuremman roolin avun jakamisessa ja perheiden tukemisessa. Uusi järjestelmä paransi sosiaaliturvaa ja teki siitä kattavam-man ja oikeudenmukaisemman. Huoltoapu oli vähemmän leimaavaa kuin köyhäinhoito, mikä kannusti avun hakemi-seen niitä, jotka sitä tarvitsivat. Huoltolaki loi perustan tu-leville sosiaaliturvauudistuksille ja oli merkittävä askel kohti hyvinvointivaltiota. Se paransi sosiaaliturvaa, vä-hensi avun hakemiseen liittyvää stigmaa ja loi perustan tu-leville sosiaaliturvauudistuksille. 1960-luvulta lähtien Suo-men sosiaaliturvajärjestelmää kehitettiin edelleen, ja sii-hen lisättiin uusia etuuksia ja palveluja.

Useita uudistuksia 1950 luvulta 1970 luvulle

Valtion asutustoiminta edisti asuntotuotantoa ja auttoi siirtoväkeä sekä sodan jälkeen asunnottomiksi jääneitä. Peruskoulu-uudistus (1968 - 1970) takasi kaikille lapsille yhtäläisen oikeuden koulutukseen, mikä oli merkittävä tasaarvoteko. 1950-luvulla alkunsa saivat kansaneläkejärjestelmä. 1960-luvun tärkeitä edistysaskelia olivat työeläkejärjestelmän käynnistäminen. Eläkejärjestelmää kehitettiin, se parani ja laajeni, mikä tarjosi paremman turvan ikääntyvälle väestölle. Myös muuta sosiaalivakuutusjärjestelmää kehitettiin ja uudistettiin aktiivisesti. Tärkeä edistysaskel oli vuoden 1964 sairasvakuutuslaki, jonka mukaan kansalaisille ryhdyttiin maksamaan muun muassa päivä- ja äitiysrahaa korvaukseksi ansionmenetyksistä sekä korvausta lääkemenoista ja lääkärien palkkioista. 1960- ja 1970-luvuilla suuria kysymyksiä sosiaalivakuutuksen lisäksi olivat esimerkiksi lasten päivähoidon järjestäminen, alkoholi- ja tupakkapolitiikka sekä erityisryhmien etuuksien kehittäminen. Veteraanietuudet tulivat ajankohtaiseksi sotasukupolvien ikääntyessä.

Sosiaali- ja terveysministeriön muodostaminen 1968

Terveydenhoitohallitus ja Sosiaalihallitus erillisinä virastoina yhdistettiin ja muodostettiin vuonna 1968 Sosiaali- ja terveysministeriö. Myös terveydenhuolto siirtyi ministeriön hoidettavaksi. Samana vuonna perustettiin uudelleen 1920-luvulla lakkautettu sosiaalihallitus. 1970-luvulla hyvinvointivaltion rakenteet vakiinnutettiin ja laajennettiin. Sosiaali- ja terveysministeriö oli laajasti kehittämässä suomalaista hyvinvointivaltiota. Terveyskeskukset perustettiin ja terveydenhuollon palveluita laajennettiin kattamaan koko väestö. Työttömyysturvalainsäädäntöä parannettiin ja sosiaaliturvaa laajennettiin.

Lisäksi 1970-luvulla sosiaali- ja terveysministeriö perusti työsuojeluhallituksen ja sääti lait työsuojelun valvonnasta sekä työterveyshuollosta. Uudistettu laki työsuojelun valvonnasta ja työpaikan työsuojeluyhteistoiminnasta (44/2006) säätelee työsuojelun valvontaa ja yhteistoimintaa työpaikoilla Suomessa. Tämän lain tavoitteena on parantaa työn turvallisuutta ja terveellisyyttä sekä varmistaa työnantajan ja työntekijöiden yhteistyö työsuojeluasioissa.

Laki koskee työsuojelua ja sen valvontaa kaikilla työpaikoilla, joissa työntekijät tekevät työtä työnantajan johdon ja valvonnan alaisina. Työsuojelun valvonnasta vastaavat työsuojeluviranomaiset, kuten aluehallintovirastojen työsuojelun vastuualueet, jotka valvovat, että työnantajat noudattavat työsuojelusäädöksiä. Työsuojeluviranomaiset tekevät tarkastuksia, antavat ohjeita ja neuvoja sekä tarvittaessa ryhtyvät pakkokeinoihin, kuten sakkoihin tai toimintakieltoihin. Työnantajan on huolehdittava työntekijöiden turvallisuudesta ja terveydestä työssä. Tämä sisältää riskien arvioinnin, vaarojen ehkäisyn, työolosuhteiden seurannan ja työntekijöiden perehdyttämisen. Työnantajan on varmistettava, että työpaikalla on toimiva työsuojeluorganisaatio, johon kuuluu työsuojelupäällikkö ja työsuojeluvaltuutettu.

Työntekijän on noudatettava työsuojeluohjeita ja käytettävä annettuja suojavälineitä. Hänen on myös ilmoitettava havaitsemistaan vaaroista ja puutteista työnantajalle tai työsuojeluvaltuutetulle.

Työpaikoilla on oltava järjestelmä, jonka avulla työnantaja ja työntekijät voivat tehdä yhteistyötä työsuojelun edistämiseksi. Työsuojelutoimikunta on pakollinen työpaikoilla, joissa on vähintään 20 työntekijää. Työsuojelutoimikunta käsittelee työpaikan työsuojeluun liittyviä asioita, kuten työsuojelutarkastusten tuloksia, työterveyshuollon raportteja ja työsuojelukoulutusta.

Työsuojeluviranomaisilla on oikeus tehdä tarkastuksia työpaikoille ilmoittamatta etukäteen. Tarkastuksissa arvioidaan, noudatetaanko työsuojelusäännöksiä ja -ohjeita. Tarkastuksissa voidaan haastatella työntekijöitä ja työnantajia sekä tarkastaa työpaikan olosuhteet ja asiakirjat. Jos työnantaja ei noudata työsuojeluvelvoitteita, työsuojeluviranomainen voi antaa toimintaohjeita, varoituksia ja tarvittaessa ryhtyä pakkokeinoihin, kuten sakkoihin tai toimintakieltoihin. Työntekijöillä on oikeus tehdä kantelu työsuojeluviranomaisille, jos he kokevat, että heidän työsuojeluoikeuksiaan on rikottu.

Laki työsuojelun valvonnasta ja työpaikan työsuojeluyhteistoiminnasta on keskeinen osa Suomen työsuojelujärjestelmää, ja sen tarkoituksena on varmistaa, että työpaikat ovat turvallisia ja terveellisiä kaikille työntekijöille.

1980-luvulla terveydenhuolto ja sosiaalipalvelut tuotiin yhteen kansallisessa suunnittelu- ja rahoitussysteemissä. Samalla vuosikymmenellä kampanjoitiin myös henkilökohtaisen terveydentilan kohentamiseksi ja kehitettiin omalääkärijärjestelmä. Vuosikymmenen lopulle tultaessa terveydenhuollon keskitettyä järjestelmää alettiin purkaa ja hajauttaa. 1990-luvulle toimintojen hajautusta jatkettiin ja kunnille annettiin enemmän harkintavaltaa. Vuosituhannen taitteen jälkeen kunnallista autonomiaa on ryhdytty uudelleen rajoittamaan (mm. hoitotakuun määrääminen). (Järvelin 2002, 15.) 1980-luvun kasvun vuosina hyvinvointivaltion palvelut ja etuudet laajenivat ja STM:n painoarvo valtiokonsernissa kasvoi. Uuden vuosituhannen alussa on varauduttu väestörakenteen muutokseen uudistamalla sosiaaliturvaa ja palveluita sekä lujittamalla niiden rahoituspohjaa. STM:n tavoitteena on turvata väestön terveellinen elinympäristö, hyvä terveys ja toimintakyky sekä riittävä toimeentulo ja sosiaalinen turvallisuus elämän eri tilanteissa. (STM 2017.)

Työterveyslaki 2001

Vuoden 1972 työterveydenhuollon kehittämistyötä jatkettiin vuonna 2001, jolloin uudistettiin Työterveyslaki (1383/2001). Se säätelee työterveyshuollon järjestämistä Suomessa. Lain tarkoituksena on edistää ja ylläpitää työntekijöiden terveyttä ja turvallisuutta työssä, ehkäistä työperäisiä sairauksia ja tapaturmia sekä tukea työ- ja toimintakykyä.

Työnantajan on järjestettävä työterveyshuolto kaikille työntekijöilleen. Työterveyshuollon järjestäminen on lakisääteinen velvollisuus, ja sen on katettava työpaikan olosuhteet ja työn erityispiirteet. Työterveyshuollon tehtäviin kuuluu työpaikan riskien arviointi, työolosuhteiden seuranta, terveystarkastukset ja neuvonta. Tarkoituksena on ehkäistä työperäisiä sairauksia ja tapaturmia. Erityistä huomiota kiinnitetään työntekijöihin, jotka altistuvat työssään erityisille terveysriskeille.

Työterveyshuollon on tehtävä yhteistyötä työnantajan, työntekijöiden ja työsuojeluviranomaisten kanssa. Lisäksi työterveyshuollon on tiedotettava työntekijöille heidän työterveydestään ja -turvallisuudestaan. Työkyvyn tukeminen on työterveyshuollon tehtävänä tarjoamalla työntekijöille työkykyä, kuntoutuspalveluja ja työssä jaksamisen tukea.

1980-luvun talouskasvun vuodet mahdollistivat useiden sosiaaliturvaetuuksien kehittämisen edelleen. Tuolloin uudistettiin muun muassa kansaneläkejärjestelmä, sairausvakuutuslaki, sosiaalietuuksien verotus, työttömyysturva, kunnallisen sosiaali- ja terveydenhuollon suunnittelu ja valtionosuusjärjestelmä sekä kehitettiin perhepolitiikkaa, vammaisten henkilöiden palveluja ja toimeentulotukea. Mittavista kehittämishankkeista huolimatta sosiaalimenojen suhde bruttokansantuotteeseen pysyi vakaasti 25 prosentin tasolla. Laki naisten ja miesten välisestä tasa-arvosta tähtäsi sukupuoleen liittyvän syrjinnän vähentämiseen ja tuki tasa-arvoa työelämässä. 1980-luvun kasvun vuosina hyvinvointivaltion palvelut ja etuudet laajenivat. 1980-luvulla Suomen hyvinvointivaltiota vahvistettiin edelleen. Äitiys- ja vanhempainrahat sekä lapsilisät paranivat.

Työeläkejärjestelmää kehitettiin, mikä paransi eläketurvaa merkittävästi. (STM 2013, STM 2017.)

1990-lukua leimasi laman ja joukkotyöttömyyden seurausten hoito. Talouslama toi mukanaan suuria haasteita hyvinvointivaltion rahoittamiselle. Talouslama johti julkisten menojen leikkauksiin, mikä vaikutti sosiaali- ja terveyspalveluihin. Lamasta huolimatta tehtiin myös rakenteellisia uudistuksia, kuten kuntien yhdistymisiä ja palveluiden tehostamista.

1990-luvun alussa talouskasvu pysähtyi ja työttömyys lisääntyi nopeasti. Julkisen sektorin menojen noustessa ja verotulojen supistuessa julkinen talous ajautui rahoituskriisiin ja valtionvelka kasvoi huomattavasti.

Sosiaaliturvan ansiota oli, että yhteiskunnan eheys ja kansalaisten kohtuullinen toimeentulo voitiin turvata laman ja joukkotyöttömyyden puristuksessa. Vaikka huomattava osa julkisten menojen säästöistä kohdistui sosiaali- ja terveyssektorille, sosiaaliturvan perusrakenteet säilyivät. Samalla säästöt muuttivat sosiaaliturvaa entistä kannustavammaksi ja terveydenhuollontoimintaa tehostettiin tuntuvasti.

Talouden käännyttyä vahvaan kasvuun 1990-luvun puolivälissä sosiaaliturvan kehittäminen jatkui. Julkinen talous pysyi lamanjäljiltä tiukkana kuitenkin pitkään. Työttömyyden miljardilaskua jouduttiin kompensoimaan tinkimällä muista sosiaalimenoista.

Kansainvälistyminen tuli vahvasti mukaan toimintaan, kun Suomi liittyi Euroopan unioniin vuoden 1995 alussa. Vaikka sosiaalipolitiikka kuuluu pääosin jäsenvaltioiden toimivaltaan, jäsenyys on merkinnyt kansallisen ja EU-tason sosiaalipolitiikan yhteensovitusta. (STM 2017.)

Kymmenessä vuodessa STM:n hallinnonalan menojen osuus valtion menoista nousi 20,5 prosentista 27,7 prosenttiin. 1990-luvulla sosiaalimenojen osuus budjetista nousikin reilusti yli 30 prosenttiin. Kyse ei ollut enää hyvinvointivaltion kehityksestä vaan suurtyöttömyyden aiheuttamista menoista. Vuonna 1995 Suomi liittyi Euroopan unioniin ja alkoi kansallisen ja EU-tason sosiaali- ja terveyspolitiikan yhteensovittaminen. (STM 2017.)

1990-luvulla alettiin varautua väestön ikääntymiseen ja vanhusväestön kasvuun. Väestön ikärakenteen muuttumisen myötä työikäisten määrä vähenee ja julkisen talouden menot kasvavat. (STM 2017.)

Ikääntymisen haasteisiin on varauduttu rakenteellisilla toimenpiteillä, jotta toimeentulo ja palvelut voitaisiin turvata kaikille myös ikääntyvässä yhteiskunnassa. Keskeisiksi tekijöiksi ovat nousseet korkea työllisyysaste, sosiaaliturvan rahoituksen kestävyys, terveet ja toimintakykyiset kansalaiset sekä vaikuttavat ja tehokkaat sosiaali- ja terveyspalvelut. (STM 2017.)

Ikääntyneiden hyvinvoinnin tukemiseen on säädetty Vanhuspalvelulaki, virallisesti Laki ikääntyneen väestön toimintakyvyn tukemisesta sekä iäkkäiden sosiaali- ja terveyspalveluista (980/2012). Se astui voimaan Suomessa 1. heinäkuuta 2013. Lain tarkoituksena on edistää ikääntyneen väestön hyvinvointia, terveyttä ja itsenäistä elämää sekä varmistaa iäkkäiden henkilöiden tarvitsemien sosiaali- ja terveyspalvelujen saatavuus ja laatu.

Keskeiset periaatteet ja tavoitteet ovat ikääntyneen väestön toimintakyvyn tukeminen edistämällä ja ylläpitämällä ikääntyneen väestön hyvinvointia, terveyttä ja toimintakykyä. Lain avulla pyritään mahdollistamaan ikääntyneiden itsenäinen elämä ja osallistuminen yhteiskuntaan. Lailla varmistetaan, että ikääntyneillä henkilöillä on yhdenvertaiset mahdollisuudet saada tarvitsemiaan sosiaali- ja terveyspalveluja. Palvelujen tulee olla laadukkaita, asiakaslähtöisiä ja tarpeen mukaisia.

Kuntien on tehtävä kattava arviointi ikääntyneen henkilön palvelutarpeista. Arvioinnin perusteella laaditaan yksilöllinen palvelusuunnitelma. Lain mukaan kunnilla on vastuu koordinoida ikääntyneille suunnattujen palvelujen järjestämistä ja kehittämistä. Palvelujen toteuttamisessa tulee tehdä yhteistyötä eri viranomaisten ja toimijoiden välillä.

Lailla taataan, että palvelujen järjestämisessä huolehditaan riittävän ja ammattitaitoisen henkilöstön saatavuudesta ja henkilöstön osaamista kehitetään jatkuvasti vastaamaan ikääntyneiden tarpeita.

Laki velvoittaa kunnat järjestämään riittävästi sosiaali- ja terveyspalveluja ikääntyneille henkilöille ja huomioimaan heidän tarpeensa päätöksenteossa. Lisäksi laissa korostetaan ennakoivan toiminnan merkitystä, eli pyritään ennalta ehkäisemään ikääntyneiden toimintakyvyn heikkenemistä ja varmistamaan, että he voivat asua mahdollisimman pitkään omissa kodeissaan. Vanhuspalvelulaki asettaa raamit ja velvoitteet kunnille ikääntyneiden väestön hyvinvoinnin ja palvelujen järjestämiseksi, ja siinä korostetaan sekä ennakoivan että yksilöllisen tuen merkitystä.

Merkittävä osa tulevista eläkemenoista on rahastoitu, ja 1990-luvulta alkaen on tehty useita eläkeuudistuksia. Vuonna 2005 astui voimaan suuri eläkeuudistus, jonka tavoitteena on työurien pidentäminen. Työssä jatkamista tuetaan työhyvinvoinnin ja työelämän kehittämisohjelmilla, jotka lisäävät työelämänvetovoimaa. Laajapohjainen Sata-komitea selvitti vuosina 2007-2009 sosiaaliturvaa ja linjasi toimeentuloturvaa koskevia uudistuksia. (STM 2017.)

Terveyden, toimintakyvyn ja hyvinvoinnin edistämisessä painopistettä siirretään ongelmien hoidosta niiden ehkäisemiseen jo ennalta. Terveyden on oltava osa kaikkea yhteiskunnan päätöksentekoa. Laki potilaan asemasta ja oikeuksista (785/1992) on suomalainen laki, joka määrittelee potilaan oikeudet ja velvollisuudet terveydenhuollossa. Tämän lain tarkoituksena on vahvistaa potilaan asemaa ja oikeuksia, edistää luottamusta potilaan ja terveydenhuollon ammattilaisten välillä, sekä varmistaa laadukas ja turvallinen hoito. Laki takaa potilaan oikeuden saada terveyden- ja sairaanhoitoa ilman syrjintää. Potilaalla on oikeus saada tiedot hoitovaihtoehdoista ja niiden vaikutuksista ymmärrettävässä muodossa. Potilaan itsemääräämisoikeus on keskeinen periaate. Potilaalla on oikeus kieltäytyä hoidosta tai keskeyttää se. Alaikäisen potilaan kohdalla huomioidaan myös hänen ikänsä ja kehitystasonsa. Potilaan tiedot ovat luottamuksellisia, ja niitä saa käsitellä vain asianmukainen henkilöstö.

Terveydenhuollon palveluissa syntyneet asiakirjat ovat potilasasiakirjoja, jotka on laadittava huolellisesti ja säilytettävä turvallisesti. Potilaan suostumus tarvitaan, ennen kuin tietoja luovutetaan ulkopuolisille.

Potilaan tulee saada asianmukaista ja kunnioittavaa kohtelua. Hoidon ja palvelujen tulee perustua lääkinnälliseen tarpeeseen, ja niiden järjestämisessä on huomioitava potilaan yksilölliset tarpeet ja mieltymykset.

Potilaalla on oikeus tehdä kantelu, jos hän kokee saaneensa virheellistä tai huonoa hoitoa. Potilasvahinkojen osalta potilaalla on oikeus korvauksiin potilasvahinkolain mukaisesti. Laki velvoittaa terveydenhuollon yksiköitä antamaan potilaalle riittävästi neuvontaa ja tukea hänen oikeuksiensa ymmärtämisessä ja käyttämisessä.

Laki potilaan asemasta ja oikeuksista (785/1992) määrittelee oikeudet ja potilaan oikeuden saada hyvää hoitoa sairaalassa osastohoidossa, käynnillä päivystyksessä, muulla poliklinikalla tai kotisairaalassa. Hänen vakaumustaan, yksityisyyttään ja ihmisarvoa pitää kunnioittaa. Oikeus hyvään terveyden- ja sairaanhoitoon ja siihen liittyvään kohteluun (3§). Suomessa pyritään siis turvaamaan monin keinoin potilaan laadukas hoito. On tärkeää, että erityisesti vanhuksen hoidossa painottuu oikeus päättää asioistaan oman elämänkatsomuksensa sekä ajatus- ja arvomaailmansa mukaisesti. (Järvinen 2020.)

Potilaan ja hoitoon osallistuvien pitää olla yhtä mieltä hoidosta. PotL:ssa (785/1992) määritellään laajasti potilaan oikeudet hänen hoidossa ollessaan. Potilaalla on aina oikeus päästä kiireelliseen hoitoon nopeasti tai päästä kiireettömään hoitoon hoitotakuun mukaisessa ajassa. Potilaalla on oikeus käyttää suomen tai ruotsin kieltä ja mahdollisuuksien mukaan muuta äidinkieltä. Myös kulttuuri ja yksilölliset tarpeet on otettava huomioon, jos se on mahdollista. Potilaalla on oikeus saada tietoa terveydentilastaan, hoitovaihtoehdoista ja niiden vaikutuksista. Potilas voi tarkistaa omat potilaskertomuksensa ja tarvittaessa pyytää niihin oikaisua. (Pääsy hoitoon, 4§). Potilas voi ilmaista hoitotahtonsa/hoitotestamenttinsa ja sitä pitää noudattaa. Potilasta ei saa syrjiä terveyspalveluissa asuinpaikan vuoksi, iän perusteella, terveydentilan perusteella, vammaisuuden vuoksi tai muun syyn perusteella. Laki potilaan asemasta ja oikeuksista on olennainen osa Suomen terveydenhuoltojärjestelmää, ja se tukee potilaan ja terveydenhuollon ammattilaisten välistä vuorovaikutusta sekä luo puitteet laadukkaalle ja eettisesti kestävälle hoidolle.

Laki terveydenhuollon ammattihenkilöistä 1994

Osaltaan hyvän hoidon varmistamiseksi on määritelty Laki terveydenhuollon ammattihenkilöistä (559/1994). Se on Suomen laki, joka säätelee terveydenhuollon ammattihenkilöiden oikeuksia ja velvollisuuksia. Lain tarkoituksena on varmistaa terveydenhuollon ammattihenkilöiden pätevyys, edistää potilasturvallisuutta ja parantaa terveydenhuollon laatua. Laki määrittelee terveydenhuollon ammattihenkilöt, kuten lääkärit, sairaanhoitajat, hammaslääkärit, kätilöt ja muut laillistetut ammattihenkilöt. Lisäksi se kattaa luvanvaraiset ammattihenkilöt, joilla on oikeus harjoittaa ammattiaan Suomessa. Laki säätelee ammattihenkilöiden koulutusta ja pätevyyttä. Terveydenhuollon ammattihenkilöiden on hankittava asianmukainen koulutus ja suoritettava vaaditut tutkinnot saadakseen oikeuden harjoittaa ammattiaan.

Laillistettujen ammattihenkilöiden on rekisteröidyttävä Valviran (Sosiaali- ja terveysalan lupa- ja valvontavirasto) ylläpitämään terveydenhuollon ammattihenkilöiden keskusrekisteriin (Terhikki-rekisteri). Tämä varmistaa, että vain pätevät henkilöt voivat harjoittaa terveydenhuollon ammattia.

Laki korostaa terveydenhuollon ammattihenkilöiden ammattieettisiä velvoitteita, kuten potilaan kunnioittaminen, luottamuksellisuus ja ammattitaidon ylläpitäminen. Ammattihenkilöiden on toimittava potilasturvallisuuden ja hoidon laadun takaamiseksi.

Valvira ja aluehallintovirastot valvovat terveydenhuollon ammattihenkilöiden toimintaa. Jos ammattihenkilö toimii lainvastaisesti tai ammattieettisten periaatteiden vastaisesti, häntä voidaan rangaista seuraamuksilla, kuten varoituksella, ammatinharjoittamisoikeuden rajoittamisella tai peruuttamisella.

Terveydenhuollon ammattihenkilöiden on jatkuvasti ylläpidettävä ja kehitettävä ammattitaitoaan osallistumalla täydennyskoulutuksiin ja seuraamalla alan kehitystä.

Lain tarkoituksena on parantaa potilasturvallisuutta ja hoidon laatua varmistamalla, että terveydenhuollon ammattihenkilöt ovat päteviä ja toimivat ammattieettisesti.

Suomen liittyminen Euroopan unioniin vuonna 1995

Vuonna 2005 aloitettu kunta- ja palvelurakenneuudistus (Paras-hanke) koskee koko palvelujärjestelmää. Tavoitteena on luoda sosiaali- ja terveydenhuollolle yhtenäiset ja kestävät rakenteet. Suomi jaettiin 20 sairaanhoitopiiriin, joiden keskuksena toimi keskussairaala. 1995 Suomi liittyi Euroopan unioniin ja alkoi kansallisen ja EU-tason sosiaali- ja terveyspolitiikan yhteensovittaminen. Euroopan unioni (EU) on poliittinen ja taloudellinen liitto, joka koostuu 27 Euroopan maasta. Sillä on omat instituutionsa, lainsäädäntönsä ja budjettinsa, ja sen tavoitteena on edistää rauhaa, vakautta ja vaurautta Euroopassa. (https://european-union.europa.eu/index_fi.)

Euroopan integraation juuret ovat toisen maailmansodan jälkeisessä ajassa, kun pyrittiin estämään uudet konfliktit Euroopassa. Ensimmäiset askeleet kohti Euroopan unionia otettiin perustamalla Euroopan hiili- ja teräsyhteisö

(EHTY) vuonna 1951. Vuonna 1957 Rooman sopimuksilla perustettiin Euroopan talousyhteisö (ETY) ja Euroopan atomienergiayhteisö (Euratom). (https://european-union.europa.eu/index_fi.)

Vuonna 1993 Maastrichtin sopimus astui voimaan ja muodosti virallisesti Euroopan unionin, joka yhdisti ETY:n ja muita yhteisöjä yhden katon alle. EU on laajentunut useaan otteeseen, ja vuonna 2004 toteutui historian suurin laajentuminen, kun kymmenen uutta maata liittyi unioniin.

EU koostuu 27 jäsenmaasta, jotka ovat: Belgia, Bulgaria, Espanja, Irlanti, Italia, Itävalta, Kreikka, Kroatia, Kypros, Latvia, Liettua, Luxemburg, Malta, Alankomaat, Puola, Portugali, Ranska, Romania, Ruotsi, Saksa, Slovakia, Slovenia, Suomi, Tanska, Tšekki, Unkari ja Viro. Yhdistynyt kuningaskunta erosi EU:sta 31. tammikuuta 2020 ("Brexit"). (https://european-union.europa.eu/index_fi.)

Euroopan Komissio toimii EU:n toimeenpanevana elimenä ja vastaa lainsäädännön valmistelusta sekä unionin politiikkojen ja budjetin täytäntöönpanosta. Se koostuu yhdestä komissaarista jokaisesta jäsenmaasta. Euroopan parlamentti edustaa EU:n kansalaisia ja valitaan suorilla vaaleilla viiden vuoden välein. Se tekee lainsäädäntöä yhdessä Euroopan unionin neuvoston kanssa ja valvoo komission toimintaa. Euroopan unionin neuvosto (Ministerineuvosto) edustaa jäsenmaiden hallituksia ja tekee päätöksiä monista EU-lainsäädäntöaloitteista yhdessä parlamentin kanssa. Koostuu kunkin jäsenmaan ministereistä, jotka kokoontuvat aihealueiden mukaan. (https://european-union.europa.eu/index_fi.)

Eurooppa-neuvosto koostuu jäsenmaiden valtion- tai hallitusten päämiehistä ja antaa EU:lle sen yleiset poliittiset suuntaviivat ja prioriteetit, ei laadi lainsäädäntöä, mutta tekee merkittäviä päätöksiä esimerkiksi EU:n strategisesta suunnasta ja laajentumisesta. Euroopan unionin tuomioistuin (EUT) varmistaa EU-lainsäädännön yhdenmukaisen soveltamisen ja tulkitsemisen. Se koostuu yhdestä tuomarista jokaisesta jäsenmaasta.

Euroalueen yhteinen valuutta euro (€) on käytössä 20 jäsenmaassa, jotka muodostavat euroalueen. Euroalueen rahapolitiikasta vastaa Euroopan keskuspankki (EKP).

EU:n sisämarkkinat mahdollistavat tavaroiden, palveluiden, pääoman ja ihmisten vapaan liikkuvuuden jäsenmaiden välillä. Sisämarkkinoilla pyritään poistamaan kaupan esteitä ja yhtenäistämään sääntelyä.

Yhteinen ulko- ja turvallisuuspolitiikka (YUTP), EU pyrkii esiintymään yhtenäisesti kansainvälisissä asioissa ja edistämään rauhaa, turvallisuutta ja ihmisoikeuksia globaalisti. EU on sitoutunut torjumaan ilmastonmuutosta ja edistämään kestävää kehitystä. Green Deal -aloite tähtää Euroopan ilmastoneutraaliuteen vuoteen 2050 mennessä. EU pyrkii vähentämään alueellisia eroja ja tukemaan taloudellista, sosiaalista ja alueellista yhteenkuuluvuutta.

Maahanmuutto- ja turvapaikkapolitiikka toimii siten, että EU:lla on yhteisiä sääntöjä ja politiikkoja koskien turvapaikanhakijoita ja maahanmuuttoa. EU:lla on monivuotinen rahoituskehys (MFF). Budjetti suunnitellaan seitsemän vuoden jaksoissa. Nykyinen rahoituskehys kattaa vuodet 2021–2027. Keskeiset menoluokat ovat muun muassa maatalous, aluekehitys, tutkimus ja innovaatio, sekä ulkosuhteet ja kehitysyhteistyö. EU:n budjetti rahoitetaan jäsenmaiden maksuosuuksilla, tullimaksuilla ja osuudella arvonlisäverotuloista.

EU harjoittaa kansainvälistä yhteistyötä ja on laajentunut useita kertoja, ja uusia jäsenmaita voidaan ottaa, kun ne täyttävät liittymisehdot ("Kööpenhaminan kriteerit"). Nykyisiä ehdokasmaita ovat esimerkiksi Albania, Montenegro, Pohjois-Makedonia, Serbia ja Turkki. Myös Bosnia ja Hertsegovina sekä Kosovo ovat potentiaalisia ehdokasmaita.EU harjoittaa naapuruuspolitiikkaa. Sillä on erityissuhteet naapurimaihin, joihin kuuluvat itäinen kumppanuus ja Välimeren unionin maat. Naapuruuspolitiikan tavoitteena on edistää vakautta, turvallisuutta ja hyvinvointia EU:n lähialueilla. (https://european-union.europa.eu/index_fi.)

EU on kokenut myös kriisejä ja haasteita. Brexit, Yhdistynyt kuningaskunta erosi EU:sta 31. tammikuuta 2020. Ero on vaikuttanut sekä taloudellisiin että poliittisiin suhteisiin EU:n ja Britannian välillä. Myös taloudellisia kriisejä on ollut. Eurokriisi 2010-luvulla paljasti euroalueen rakenteellisia ongelmia, jotka johtivat useisiin talousuudistuksiin ja kriisinhallintamekanismien perustamiseen, kuten

Euroopan vakausmekanismi (EVM).EU on kohdannut useita haasteita, kuten pakolaiskriisin, ilmastonmuutoksen, populismin nousun ja koronapandemian. (https://european-union.europa.eu/index_fi.)

Tulevaisuudessa EU pyrkii edistämään vihreää siirtymää, digitalisaatiota, taloudellista elpymistä, sosiaalista oikeudenmukaisuutta ja globaalin vaikutusvaltansa lisäämistä. Institutionaalista uudistuksista on käyty keskusteluja, esimerkiksi EU:n toimielinten tehokkuuden parantamisesta, kuten mahdollisista muutoksista päätöksentekoprosesseihin ja perussopimuksiin. EU:n toimintaa ja vaikutusvaltaa ei voi aliarvioida, sillä se on merkittävä toimija niin Euroopassa kuin globaalisti. Euroopan unioni jatkaa kehittymistään vastauksena uusiin haasteisiin ja mahdollisuuksiin. (https://european-union.europa.eu/index_fi.)

Suomen väestörakenteen muutokset 2000-luvun alkupuolella

Suomessa 2000-luvun ensimmäisellä vuosikymmenellä varauduttiin väestörakenteen muutokseen uudistamalla sosiaaliturvaa ja palveluita. Terveydenhuollon hoitotakuu tuli voimaan, ja laajaa työeläkeuudistusta alettiin toteuttaa asteittain.

2010-luvun alun tärkeimpiä hankkeita ovat sosiaali- ja terveydenhuollon palvelurakenteen uudistaminen sekä sosiaalihuollon lainsäädännön kokonaisuudistus. Vuonna 2014 säädettiin Sosiaalihuoltolaki (1301/2014). Lain tarkoituksena on: 1) edistää ja ylläpitää hyvinvointia sekä sosiaalista turvallisuutta; 2) vähentää eriarvoisuutta ja edistää osallisuutta; 3) turvata yhdenvertaisin perustein tarpeenmukaiset, riittävät ja laadukkaat sosiaalipalvelut sekä muut hyvinvointia edistävät toimenpiteet; 4) edistää asiakaskeskeisyyttä sekä asiakkaan oikeutta hyvään palveluun ja kohteluun sosiaalihuollossa; 5) parantaa yhteistyötä hyvinvointialueen sosiaali- ja terveydenhuollon ja kunnan eri toimialojen sekä muiden toimijoiden välillä 1–4 kohdassa tarkoitettujen tavoitteiden toteuttamiseksi.

Vuonna 2015 voimaan tullut sosiaalihuoltolaki (1301/2014) on sosiaalihuollon toimintaa säätelevä keskeisin yleislaki, joka muun muassa sisältää kaikki lakisääteiset, hyvinvointialueen järjestämisvastuulle kuuluvat sosiaalipalvelut. Sosiaalihuolto laissa säädetään sosiaalisen turvallisuuden ja hyvinvoinnin edistämisestä sekä muista hyvinvointialueen sosiaalihuoltoon kuuluvista tehtävistä ja palveluista sekä niiden toteuttamisesta. Laki koskee kaikkia asiakkaita lapsista iäkkäisiin.

Sosiaalihuoltolaissa mainittujen yleisten palvelujen lisäksi hyvinvointialueen järjestämisvastuulle kuuluvat lain 14 §:ssä mainittujen erillislakien mukaiset sosiaali- palvelut. Jos henkilöllä on muun lain nojalla oikeus sosiaalipalvelujen saamiseen, on sovellettava niitä säännöksiä, jotka parhaiten toteuttavat asiakkaan etua. Sosiaalihuoltolain 4 luvun sääntely edellyttää, että hyvinvointialueet varaavat riittävät resurssit palvelujen toteuttamiseen ja että alueen asukkaille kerrotaan selkeästi, mihin heillä on oikeus ja mistä palveluja ja apua voi hakea. Sosiaalihuoltolain lisäksi asiakkaan oikeuksista ja hyvinvointialueelle kuuluvista velvoitteista säädetään myös sosiaalihuollon asiakaslaissa (812/2000).

Sosiaalihuoltolain (1301/2014)1 luvussa todetaan, että 1 § Lain tarkoitus on edistää ja ylläpitää hyvinvointia sekä sosiaalista turvallisuutta, vähentää eriarvoisuutta ja edistää osallisuutta, turvata yhdenvertaisin perustein tarpeenmukaiset, riittävät ja laadukkaat sosiaalipalvelut sekä muut hyvinvointia edistävät toimenpiteet, edistää asiakaskeskeisyyttä sekä asiakkaan oikeutta hyvään palveluun ja kohteluun sosiaalihuollossa sekä parantaa yhteistyötä hyvinvointialueen sosiaali- ja terveydenhuollon ja kunnan eri toimialojen sekä muiden toimijoiden välillä 1–4 kohdassa tarkoitettujen tavoitteiden toteuttamiseksi. (8.7.2022/589.) Sosiaalihuoltolain tarkoituksena on edistää ja ylläpitää hyvinvointia ja sosiaalista turvallisuutta. Sosiaalihuollon toimin vaikutetaan ennen kaikkea väestön sosiaaliseen hyvinvointiin ja turvallisuuteen sekä toimintakykyyn ja osallisuuteen. Terveyden edistämiseen kohdistuvat vaikutukset ovat yleensä välillisiä. Sosiaalihuollolla on luonteensa vuoksi erityinen rooli eriarvoisuuden ja syrjäytymisen vähentämisessä. Lain yhtenä päämääränä on tarpeenmukaisten, riittävien ja laadukkaiden sosiaalipalvelujen saaminen yhdenvertaisin perustein. Perustuslain 19 §:n 1 momentti edellyttää, että jokaisella, joka ei kykene hankkimaan ihmisarvoisen elämän edellyttämää turvaa, on oikeus välttämättömään toimeentuloon ja huolenpitoon. Perustuslain 19 §:n 3 momentti velvoittaa julkista valtaa turvaa maan jokaiselle riittävät sosiaali- ja terveyspalvelut sekä edistämään väestön terveyttä. Palvelujen riittävyyttä arvioitaessa lähtökohtana pidetään yleisesti sellaista palvelujen tasoa, joka luo jokaiselle ihmiselle edellytykset toimia yhteiskunnan täysivaltaisena jäsenenä. Ensisijaista on kuitenkin hyvinvoinnin edistäminen ennalta ehkäisevästi yleisin koko väestöön kohdistuvin toimin. Hyvinvoinnin edistämisestä ja rakenteellisesta sosiaalityöstä säädetään sosiaalihuoltolain 2 luvussa. Asiakaslähtöisyys ja asiakaskeskeisyys ovat yksi keskeisimmistä lain valmistelua linjanneista periaatteista. (Sosiaali- ja terveysministeriön julkaisuja 2024:13.)

Asiakaslähtöisyydessä on kyse sosiaalihuollon toiminnan arvoperustasta, jonka mukaan jokainen asiakas kohdataan ihmisarvoisena yksilönä. Asiakaslähtöisyyden keskeinen ominaisuus on, ettei palveluja järjestetä pelkästään organisaation, vaan juuri asiakkaan tarpeista lähtien mahdollisimman toimiviksi. Asiakaslähtöisessä toiminnassa asiakas osallistuu itse alusta asti palvelutoiminnan suunnitteluun yhdessä palvelun tarjoajien kanssa. Asiakaslähtöisen palvelutoiminnan tulee alkaa asiakkaan esittämistä asioista. Tämä edellyttää asiakkaalta ja palvelutarjoajalta vuoropuhelua ja yhteisymmärrystä siitä, miten asiakkaan tarpeet voidaan olemassa olevien palvelumahdollisuuksien kannalta tyydyttää parhaalla mahdollisella tavalla. Asiakaslähtöisyyden toteutumisen kannalta keskeisessä ase massa ovat hyvä palvelu ja kohtelu sosiaalihuollossa. Jos asiakas ei saa tietoa omista oikeuksistaan, eikä hänen yksilöllistä tilannettaan huomioida, ei asiakaslähtöisyys voi toteutua. Asiakkaan etua käsitellään yksityiskohtaisesti sosiaalihuoltolain 4 §:ää käsittelevässä kohdassa. Asiakaslähtöisyyttä, asiakassuhteen luottamuksellisuutta sekä asiakkaan oikeuksia hyvään palveluun ja kohteluun sosiaalihuollossa tulee edistää sosiaalihuollon asiakkaan asemasta ja oikeuksista annetun lain (812/2000), jäljempänä sosiaalihuollon asiakaslaki, mukaisesti. Edellä kuvattujen tavoitteiden toteuttaminen vaatii useiden eri tahojen laajaa yhteistyötä. Lain yhtenä tavoitteena on luoda edellytykset tällaisen yhteistyön syntymiselle. Sosiaalihuollon toimintaedellytykset koostuvat siihen varatuista riittävistä määrärahoista sekä pätevästä, riittävästä, osaavasta ja oikein kohdennetusta henkilöstöstä, toimivasta johtamisesta sekä asianmukaisista toimitiloista ja toiminta välineistä. Toimintaedellytysten ohella ja niiden vahvistamisessa erityinen merkitys on toimialojen välillä ja eri toimijoiden kesken tehtävällä yhteistyöllä. (Sosiaali- ja terveysministeriön julkaisuja 2024:13.)

2000-luvulla globalisaatio ja teknologinen kehitys vaikuttivat hyvinvointivaltion kehitykseen. Globaali kilpailu ja teknologian kehitys muokkasivat työmarkkinoita ja vaativat uusia osaamisalueita. Digitaalisten palvelujen kehittäminen paransi palvelujen saatavuutta ja tehokkuutta.

2010-luvulla ja 2020-luvulla hyvinvointivaltion kestävyys ja tulevaisuuden haasteet ja kehitys jatkuvat. Väestön ikääntyminen asettaa edelleen haasteita eläkejärjestelmälle ja terveyspalveluille. Ilmastonmuutos ja kestävä kehitys ovat nousseet keskeisiksi teemoiksi myös hyvinvointivaltion kehittämisessä. Sote-uudistus eli Sosiaali- ja terveyspalvelujen uudistaminen on ollut jatkuva teema vuosien ajan ja jatkui 2010 luvulla ja 2020 luvun alussa ennen päätöksiä Sote-uudistuksesta. Sen pyrkimyksenä on parantaa palvelujen tehokkuutta ja saatavuutta.

Suomen hyvinvointiyhteiskunnan rakentaminen on ollut monivaiheinen prosessi, joka on sisältänyt merkittäviä lainsäädännöllisiä uudistuksia ja rakenteellisia muutoksia. Hyvinvointivaltion kehitys on perustunut laajalle poliittiselle konsensukselle siitä, että kaikille kansalaisille tulee taata perusoikeudet ja riittävä toimeentulo. Tulevaisuudessa hyvinvointiyhteiskunnan kehittäminen vaatii edelleen sopeutumista uusiin haasteisiin, kuten väestön ikääntymiseen ja globaalien megatrendien vaikutuksiin.

Suomen terveydenhuoltojärjestelmän rakenne 1950 – 2010 luvulle

Terveydenhuoltoa uudistettiin asteittain 1950-1970-luvuilla muun muassa rakentamalla sairaalaverkostoa. Suomessa oli 1950-luvulle tultaessa yliopistollisia sairaaloita vain kaksi: Helsinki ja Turku. 1950- ja 1960-luvuille ajoittuvan mittavan yliopistolaitoksen laajentamisen yhteydessä yliopistoja ja korkeakouluja perustettiin Ouluun, Tampereelle, Kuopioon, Joensuuhun ja Lappeenrantaan. Ensimmäinen uusi lääketieteellinen tiedekunta sijoitettiin Oulun yliopiston yhteyteen. Ratkaisua perusteltiin maata vaivaavalla lääkäripulalla, jota yritettiin helpottaa myös siten, että ulkomailla suoritettavaa tutkintoa tuettiin rahallisesti (Kaarninen 2000). Toimet eivät kuitenkaan olleet riittäviä, vaan lääkäreiden tarve lisääntyi edelleen. Vuonna 1990 Suomessa oli 14 325 lääkäriä. (Vuorio 2006, STM 2017.)

Psykiatrit osana terveydenhuoltojärjestelmää

Tarkkaa lukumäärää vuosittain valmistuvista psykiatreista on vaikea määritellä, koska se vaihtelee yliopistoittain ja vuosittain. Koulutettavien määrä riippui myös terveyden-huollon tarpeista ja resurssien saatavuudesta.

Psykiatrien koulutukseen kuului laaja kirjo oppisisältöjä, kuten biologinen psykiatria, psykoterapia, neurotieteet, psykofarmakologia ja erilaiset hoitomenetelmät. Erikoistu-miskoulutuksesta tuli yhä muodollisempaa. Koulutukseen kuului yhä enemmän kurssimuotoista opetusta ja erikois-tumiseen vaadittava käytännön kokemus. 2000-luvulla Suomessa on useita yliopistoja, joissa voi opiskella lääke-tiedettä ja erikoistua psykiatriaan. Näitä ovat Helsingin yli-opisto, Turun yliopisto, Tampereen yliopisto, Oulun yli-opisto, Itä-Suomen yliopisto (Kuopio) ja Åbo Akademi (ruotsinkielinen koulutus). Erikoistumiskoulutus psykiatri-aan kestää noin 5-6 vuotta lääketieteen lisensiaatin tutkin-non jälkeen. Se koostuu kliinisestä työskentelystä, teoreet-tisista opinnoista ja erikoistumiseen kuuluvasta tutkimus-työstä. Lisäksi koulutuksessa painotetaan potilaan koko-naisvaltaista hoitoa, johon kuuluu niin lääketieteellinen kuin psykososiaalinenkin tuki.

Psykiatrien koulutuksen kehitys Suomessa heijastaa laajemmin lääketieteellisen koulutuksen ja mielenterveyden hoidon kehitystä. Lääkärien koulutusohjelmat ovat jatkuvasti kehittyneet vastaamaan yhteiskunnan tarpeita ja tieteellisen tiedon lisääntymistä.

Hoitotiede osana terveydenhoitojärjestelmää

Hoitotieteen koulutus alkoi vuonna 1979 Itä-Suomen yliopistossa. Se on laajentunut useampaan yliopistoon. Hoitotieteen ja hoitotyön sekä johtamisen koulutusohjelmia on sekä yliopistoissa, ammattikorkeakouluissa, avoimissa yliopistoissa ja ammatillisissa koulutuksissa. Hoitohenkilökunnan jatkuva koulutus ja ammatillinen kehittyminen ovat keskeisiä hoidon laadun parantamisessa. Simulaatioharjoitukset ja jatkuva oppiminen ovat tulleet osaksi terveydenhuollon ammattilaisten koulutusta. (Sorvettula 1998.)

Yhtenä syynä Suomen sairaalalaitoksen kehittymiseen on ollut lisääntynyt tietoisuus siitä, miten terveydenhuolto oli järjestetty muissa maissa. Riittävän terveydenhuollon järjestämiseksi tiedettiin tarvittavan lisää sairaaloita. Tämä tarkoitti myös sitä, että tarvittiin enemmän lääkäreitäkin.

Suomen terveydenhuollon kehityksen kulmakivet 1900-luvun puolivälistä lähtien 1990-luvulle olivat: 1950-luvulta lähtien alettiin rakentaa sairaaloiden verkostoa, 1960-luvulla otettiin käyttöön sairausvakuutus, 1970-luvulla lääkäreiden määrää kasvatettiin lisäämällä koulutuspaikkoja. Lisäksi säädettiin kansanterveyslaki ja perustettiin terveyskeskuksia.

Kansanterveyslaki vuodelta 1972

Kansanterveyslaki vuodelta 1972 (Laki kansanterveystyöstä, 28.1.1972/66) oli merkittävä uudistus Suomen terveydenhuoltojärjestelmässä. Kansanterveyslaki (1972) paransi merkittävästi terveydenhuoltopalveluja ja johti terveyskeskusten perustamiseen. Tämä laki loi perustan nykyiselle kansanterveystyölle ja terveyskeskusjärjestelmälle Suomessa, ja sen tavoitteena oli edistää koko väestön terveyttä ja hyvinvointia.

Ennen kansanterveyslain voimaantuloa terveydenhuolto Suomessa oli hajanaista ja keskittyi pääasiassa sairaanhoitoon. Palvelut olivat eriytyneitä ja niiden saatavuus riippui usein asuinpaikasta. Kunnalliset terveyspalvelut olivat vaihtelevia, ja monilla maaseutualueilla palvelut olivat puutteellisia.

Kansanterveyslain keskeiset tavoitteet olivat perusterveydenhuollon kehittäminen. Lain tarkoituksena oli luoda kattava perusterveydenhuollon järjestelmä, joka olisi kaikkien kansalaisten saatavilla asuinpaikasta riippumatta. Laki korosti myös ennaltaehkäisevän terveydenhuollon merkitystä sairauksien ehkäisemisessä ja terveyden edistämisessä.

Laki velvoitti kunnat perustamaan terveyskeskuksia, jotka tarjoaisivat laaja-alaisia perusterveydenhuollon palveluja. Tavoitteena oli taata yhdenvertaiset terveyspalvelut koko väestölle ja vähentää alueellisia ja sosioekonomisia terveyseroja.

Kansanterveyslain myötä kunnille annettiin velvollisuus perustaa terveyskeskuksia, jotka yhdistivät aiemmin erillään olleita terveydenhuollon palveluja. Terveyskeskuksissa tarjottiin muun muassa tarjosivat perusterveydenhuollon lääkäripalveluja, joihin kuului sairauksien diagnosointi ja hoito. Neuvolatoiminta keskittyi raskaana olevien naisten ja pienten lasten terveyden seurantaan ja tukemiseen. Laki edisti kattavien rokotusohjelmien käyttöönottoa, mikä paransi väestön rokotekattavuutta ja vähensi tartuntatautien esiintyvyyttä. Terveyskeskukset tarjosivat myös hammashuoltopalveluja. Ennaltaehkäisevän terveydenhuollon osana terveyskeskuksissa tarjottiin terveysneuvontaa ja -kasvatusta. Kansanterveyslaki 1972 vaikutti merkittävästi Suomen terveydenhuoltojärjestelmään.

Terveyskeskusjärjestelmän luominen paransi terveyspalvelujen saatavuutta erityisesti maaseudulla ja syrjäseuduilla. Laki korosti ennaltaehkäisevän työn merkitystä, mikä auttoi vähentämään sairastavuutta ja parantamaan väestön yleistä terveydentilaa. Kansanterveyslain myötä terveyspalvelut tulivat yhdenvertaisemmiksi, mikä vähensi terveyseroja eri väestöryhmien välillä. Perusterveydenhuollon vahvistaminen ja ennaltaehkäisevä työ vähensivät erikoissairaanhoidon tarvetta ja terveydenhuollon kustannuksia pitkällä aikavälillä.

Kansanterveyslaki on toiminut perustana myöhemmille terveydenhuollon uudistuksille Suomessa. Sen myötä syntynyt terveyskeskusjärjestelmä on kehittynyt ja laajentunut vuosien varrella, ja sitä on täydennetty erilaisilla hankkeilla ja ohjelmilla terveyden edistämiseksi ja sairauksien ehkäisemiseksi.

Nykyään Suomen terveydenhuoltojärjestelmä on kehittynyt huomattavasti, ja piiri- ja kotilääkärijärjestelmän rooli on osittain korvattu modernimmilla rakenteilla, kuten terveyskeskuksilla ja erikoissairaanhoidon palveluilla. 1990-luvulla ja sen jälkeen terveydenhuollon rakenteita on pyritty tehostamaan ja yhtenäistämään, esimerkiksi Paras-hankkeen ja Kaste-ohjelman avulla, jotka pyrkivät luomaan kestäviä ja vaikuttavia sosiaali- ja terveyspalveluja. (Sosiaali- ja terveysministeriö 2017, https:/Kalmistopiiri.fi.)

Laki on myös mukautunut ajan myötä muuttuvien tarpeiden mukaan, ja siihen on tehty useita muutoksia ja päivityksiä. Kansanterveyslain periaatteet, kuten ennaltaehkäisevä työ ja yhdenvertaisten terveyspalvelujen tarjoaminen, ovat säilyneet keskeisinä Suomen terveydenhuoltojärjestelmässä. Vuoden 1972 kansanterveyslaki säädettiin kokoamaan yhteen maan pirstaleinen terveydenhuoltojärjestelmä. Lain avulla kunnat velvoitettiin tuottamaan perusterveydenhuolto-palvelut alueillaan. Muihin maihin verrattaessa pidettiin Suomen terveydenhuoltojärjestelmää modernina ja hyvin toimivana. Sen perustana on kunnallinen terveydenhuolto, jossa valtion tuella tuotetaan terveydenhoitopalveluja ja erikoissairaanhoitoa. Samaan tapaan kunnat vastasivat myös sosiaalipalvelujen, vanhustenhuollon, perhepäivähoidon ja peruskoulutuksen järjestämisestä. (Häkkinen 2005.)

Terveydenhuoltojärjestelmän jakautuminen 1990-luvulla

1990-luvulla terveydenhuoltojärjestelmä jakautui perusterveydenhuoltoon ja erikoissairaanhoitoon. Perusterveydenhuolto oli pääosin kuntien vastuulla ja järjestettiin terveyskeskusten kautta. Erikoissairaanhoito toteutettiin sairaanhoitopiirien ylläpitämissä keskussairaaloissa ja yliopistollisissa sairaaloissa. Suurin osa terveydenhuollon rahoituksesta tuli verovaroista, ja rahoitus jakautui kuntien, valtion ja KELA (Kansaneläkelaitos) kesken. Kansaneläkelaitos (KELA) tarjosi korvauksia yksityisten terveyspalveluiden käytöstä sekä lääkekustannuksista. Kaikilla kansalaisilla oli oikeus käyttää julkisia terveyspalveluita, mikä takasi yhdenvertaisen pääsyn terveydenhuoltoon.

Vuonna 1990 säädettiin sairaalalaki, joka toi kaikki kunnalliset sairaalat sairaanhoitopiirien alaisuuteen. Kunnat olivat saaneet osittain itse päättää, millä tavoin ne terveydenhuollon alueellaan järjestävät, 1990-luvun laman seurauksena tätä harkintavaltaa entisestäänkin lisättiin. Yksi tärkeimmistä terveydenhuollon uudistuksista liittyi kuitenkin valtion kunnille kohdistamiin tukiin. Kun aiemman käytännön mukaan kunnat saivat korvamerkittyä rahoitusta suhteessa toteutuneisiin kustannuksiin, uudessa systeemissä tuet eivät olleet enää korvamerkittyjä vaan könttäsumma, joka perustui laskennalliseen tarpeeseen. Uudistuksella haluttiin vähentää valtion kontrollia ja lisätä kuntien omaa harkintavaltaa terveydenhuoltopalvelujen järjestämisessä. Tällä hetkellä näyttää kuitenkin siltä, että kunnallista itsemääräämisoikeutta terveydenhuoltopalveluissa ollaan uudelleen rajoittamassa. Hyvänä esimerkkinä tästä on muutama vuosi sitten käyttöön otettu hoitotakuu, jonka mukaan asukkaiden on saatava hoitoa tietyn ajan kuluessa. (Sosiaali- ja terveyskertomus, 2006.) Hoitotakuun myötä

131

jonotusajat esimerkiksi leikkauksiin ovatkin lyhentyneet huomattavasti.

Kaikkialla maailmassa yliopistosairaalat tarjoavat erinomaisen mahdollisuuden lääketieteen erityisosaajien, kuten röntgenlääkärien ja syöpälääkärien väliselle yhteistyölle. Samatenkin yliopistosairaalat edistävät kliinisen lääketieteen yhteyksiä lääketiedettä lähellä oleviin tieteenaloihin, kuten genetiikkaan ja biokemiaan. Yleistäen voidaankin todeta, että yliopistosairaaloissa yhdistyy potilaiden hoito ja lääketieteen opetus, millä on keskeinen merkitys uusien tieteellisten ja kliinisten löydösten käyttöönotossa.

Vuosikymmenien kehitystyön tuloksena Suomessa on laadukas ja perusrakenteeltaan toimiva sosiaaliturva. Hyvinvointiyhteiskunnan kehittäminen ei kuitenkaan koskaan pääty. Maailmantalouden rakennemuutos, entistä avoimempi toimintaympäristö ja väestön ikääntyminen tuovat haasteita korkeatasoisen sosiaaliturvan ylläpitämiselle ja sosiaaliturvan rahoitukselle. Ne korostavat entisestään ennakoivan työn merkitystä. (STM 2017.)

Maailmanlaajuinen talouskriisi on kasvattanut julkisen taloudenpaineita myös Suomessa. Talouden ja talouskasvun näkymien heikentyminen ja väestön ikääntyminen asettavat yhdessä tiukat puitteet sosiaalipolitiikalle.

2000-luvun alkupuolella on kehitelty rakenteellisina muutoksina palvelujen uudelleenjärjestelyinä muun muassa kuntaliitosten ja palvelujen keskittäminen suurempiin yksiköihin. Terveyskeskukset ja sairaalat tekivät yhä tiiviimpää yhteistyötä, ja syntyi erilaisia terveydenhuollon kuntayhtymiä. Rahoitusmallia kehitettiin siten, että kuntien rahoitusvastuuta lisättiin. Myös asiakasmaksuja tarkistettiin. Yksityisten terveyspalveluiden käyttö lisääntyi, ja KELA korvausjärjestelmää kehitettiin vastaamaan paremmin tarpeita.

Uusi Terveydenhuoltolaki ja takuueläke 2011

Uusi Terveydenhuoltolaki ja takuueläke tulivat (1326/2010) voimaan vuonna 2011. Se säätelee Suomen terveydenhuoltoa (Sosiaali- ja terveysministeriö 2017).

Laki pyrki parantamaan palvelujen saatavuutta ja laatua sekä edistämään terveydenhuollon palvelurakenteen kehittämistä. Lain tavoitteena on edistää ja ylläpitää väestön terveyttä ja hyvinvointia, ehkäistä sairauksia ja vammoja, vahvistaa terveydenhuollon palvelujen toimivuutta ja saatavuutta sekä perusterveydenhuollon ja erikoissairaanhoidon yhteensovittamista.

Lisäksi tavoitteina on potilaan itsemääräämisoikeuden kunnioittaminen, palvelujen laatu ja turvallisuus ja hoidon tarpeen arvioinnin perusteella annettava hoito. Lain mukaan kunnilla on velvollisuus järjestää asukkailleen terveydenhuoltopalvelut. Kunnat voivat järjestää palvelut itse tai yhteistyössä muiden kuntien kanssa.

Lakiin on kirjattu hoitoon pääsyn takuu. Potilaan on saatava yhteys terveyskeskukseen arkisin virka-aikana, ja kiireellistä hoitoa tulee olla saatavilla välittömästi. Hoidon tarpeen arviointi on tehtävä kolmen arkipäivän kuluessa yhteydenotosta.

Kunnat järjestävät perusterveydenhuollon palvelut, jotka sisältävät muun muassa terveysneuvonnan, terveystarkastukset, äitiys- ja lastenneuvolapalvelut, koulu- ja opiskeluterveydenhuollon sekä työterveyshuollon. Sairaanhoitopiirit vastaavat erikoissairaanhoidon järjestämisestä. Erikoissairaanhoitoon pääsy edellyttää yleensä perusterveydenhuollon lähetettä. Terveydenhuoltolaki korostaa perusterveydenhuollon ja erikoissairaanhoidon yhteistyötä ja sujuvaa potilaslähtöistä hoitoketjua. Kunnat ja sairaanhoitopiirit ovat velvollisia huolehtimaan terveydenhuollon henkilöstönsä jatkuvasta koulutuksesta. Laki edistää myös yhteistyötä yliopistojen ja tutkimuslaitosten kanssa terveydenhuollon tutkimuksen ja koulutuksen parantamiseksi.

Sosiaali- ja terveysalan lupa- ja valvontavirasto (Valvira) sekä aluehallintovirastot (AVI) valvovat terveydenhuollon toimintaa. Kunnilla ja sairaanhoitopiireillä on omat sisäiset valvontajärjestelmänsä palvelujen laadun ja potilasturvallisuuden varmistamiseksi.

Terveydenhuoltolaki asettaa vaatimuksia hoidon laadulle ja potilasturvallisuudelle. Palvelujen tulee perustua näyttöön perustuvaan lääketieteelliseen tietoon ja hyvään

hoitokäytäntöön. Yritettäessä vastata terveydenhuoltojär-
jestelmän tuleviin haasteisiin on toimiva yhteys terveyden-
huoltojärjestelmän johtoportailla olevien ja terveydenhuol-
topalveluissa kliinistä työtä tekevien välillä entistäkin tär-
keämpi (STM 2017).

Potilasturvallisuussuunnitelma tulee laatia ja päivittää
säännöllisesti. Potilaalla on oikeus osallistua oman hoi-
tonsa suunnitteluun ja päätöksentekoon. Potilaan mieli-
pide ja toivomukset tulee ottaa huomioon hoitoa järjestet-
täessä. Potilastietojen käsittelyssä ja säilyttämisessä on
noudatettava tiukkoja tietosuoja vaatimuksia. Potilaalla on
oikeus saada tietoa omista terveystiedoistaan ja niiden kä-
sittelystä.

Terveydenhuollon rahoitus tulee pääasiassa valtiolta ja
kunnilta. Terveydenhuollon palveluista peritään usein
asiakasmaksuja, mutta maksujen tulee olla kohtuullisia ja
ne eivät saa estää palvelujen saamista.

Terveydenhuoltolaki on osa laajempaa sote-uudistusta
(sosiaali- ja terveydenhuollon uudistus), jonka tavoitteena
on parantaa terveydenhuollon palvelujen

yhdenvertaisuutta, laatua ja kustannustehokkuutta koko maassa. Terveydenhuoltolaki asettaa puitteet Suomen julkiselle terveydenhuollolle ja ohjaa sen toimintaa, jotta kansalaiset saavat laadukkaita ja yhdenvertaisia terveydenhuoltopalveluja.

2010-luvulla teknologia kehittyi edelleen. Terveydenhuollon tietojärjestelmät ja eHealth kehittyivät merkittävästi. Eri terveydenhuollon toimijoiden välinen tietojenvaihto parantui, ja sähköiset potilastietojärjestelmät otettiin laajemmin käyttöön.

Vuosien 1990–2010 välillä Suomen terveydenhuoltojärjestelmässä tapahtui merkittäviä muutoksia ja kehityksiä. Kuntaliitokset, palvelujen keskittäminen, rahoitusmallin uudistukset ja teknologian kehitys olivat keskeisiä tekijöitä, jotka muokkasivat järjestelmän toimintaa. Terveydenhuoltolain uudistus vuonna 2010 oli merkittävä askel kohti integroitua ja yhtenäistä terveydenhuoltojärjestelmää, joka pyrki vastaamaan kansalaisten tarpeisiin entistä paremmin.

Sosiaali- ja terveyspolitiikan uudessa strategiassa Sosiaalisesti kestävä Suomi 2020 on nostettu päätavoitteeksi sosiaalisesti kestävä yhteiskunta, jossa ihmisiä kohdellaan yhdenvertaisesti, varmistetaan kaikkien osallisuus, annetaan tarvittava turva ja palvelut sekä edistetään jokaisen terveyttä ja toimintakykyä. Hyvinvointiyhteiskunnan on oltava kestävällä pohjalla sekä taloudellisesti että sosiaalisesti. (STM 2020.)

Neuvolatoiminnan laajentuminen 1950-1960-luvuilla ja siirtyminen nykyaikaan

Suomessa neuvoloiden määrä kasvoi. Ennen toista maailmansotaa niitä oli Suomessa 150 ja sen loputtua 300. Vuonna 1944 kunnat velvoitettiin lailla perustumaan neuvoloita vuoteen -49 mennessä. Neuvolatoiminta levisi 1950 -1960 luvuilla koko maahan, ja siitä tuli vähitellen osa jokapäiväistä elämää perheissä. Suurin määrä varsinaisia neuvoloita on ollut Suomessa 60-luvulla, jolloin niitä oli noin tuhat, mutta alapisteineen toki enemmän.

Lastenneuvoloiden määrän huippu näyttää saavutetun vuonna 1960, jolloin maassa oli 967 pää- ja 3 324 sivuneuvolaa. Sen jälkeen, ilmeisesti liikenneolojen parantumisen myötä, sivuneuvoloiden määrä väheni vuosikymmenessä noin kolmasosaan pääneuvoloiden määrän vielä hieman lisääntyessä (Siivola 1985).

1970-luvulla palveluvalikoima laajentui. Neuvolatoiminnan sisältö laajeni kattamaan lasten terveyden ja kehityksen seurannan lisäksi myös ravitsemusneuvontaa, kasvatusohjeita ja perheiden tukemista. Neuvolatoiminnassa alettiin korostaa perhekeskeistä lähestymistapaa, jossa huomioitiin koko perheen hyvinvointi ja jaksaminen. Lasten- ja äitiysneuvolat muodostuivat vähitellen keskeiseksi osaksi suomalaista perhe- ja yhdyskuntaelämää. Suomalaisen neuvolatyön maine kiiri myös ulkomaille. Muun muassa Suomen vähäisemmän imeväis- ja perinataali kuolleisuuden Keski-Euroopan maihin (esim. Saksaan ja Ranskaan) verrattuna tulkittiin pohjautuvan paljolti Suomen hyvään neuvolajärjestelmään. Lasten- ja äitiysneuvoloiden kannalta vuosi 1987 oli merkkipaalu neuvolatyön pioneerin arkkiatri Arvo Ylpön täyttäessä 100 vuotta. Koko vuosi nimitettiin virallisesti Arvo Ylppö -neuvolavuodeksi. (Sihvola 1994).

1980-1990-luvuilla neuvoloissa otettiin käyttöön varhaisen tuen malleja, joissa pyrittiin havaitsemaan ja puuttumaan mahdollisiin kehitysviiveisiin ja ongelmiin mahdollisimman aikaisin. Neuvolat alkoivat tehdä tiivistä yhteistyötä muiden terveydenhuollon ammattilaisten, kuten psykologien, puheterapeuttien ja sosiaalityöntekijöiden kanssa (Korppi-Tommola 1990, Rajantie, Sihvola, Lappi, Perheentupa 1993).

Neuvolatoimintoja tehtiin tunnetuksi kaikkialla maassa. Neuvolatyön saavutukset miellettiin yleisesti poikkeuksellisen arvokkaiksi, kehitystarpeet otettiin huomioon ja kaiken kaikkiaan neuvolajärjestelmän tulevaisuus nähtiin valoisaksi. Tästä syystä tuntuu yllättävältä, että jo vuoden parin kuluttua juhlavuoden jälkeen avoterveydenhuollon yleiseen kehittämiseen liittyi suunnitelmia, kannanottoja ja organisaatiomuutoksia, jotka koettiin selväksi uhkaksi neuvoloille. Se, että uhat ainakin osittain olivat jo tuolloin todellisia, käy ilmi mm. siitä, että lääkintöhallituksen asettamassa lasten perusterveydenhuollon työryhmässä esitettiin lastenneuvolaopasta (Lääkintöhallitus 1990) valmisteltaessa kanta, että sana neuvola fyysistä toimipistettä tarkoittavana terminä tulee poistaa ja käyttää nimitystä terveyskeskuksen lasten- ja äitiysneuvonta. Tavoitteena oli kaikkien lasten terveydentilan seuranta ja kehityksen tukeminen (Lääkintöhallitus 1990, Peltola 1993, Kouvalainen 1995).

2000-luvulla neuvolajärjestelmää kehitettiin edelleen vastaamaan paremmin perheiden muuttuviin tarpeisiin. Painopisteenä oli entistä yksilöllisempi ja perheiden tarpeisiin räätälöity palvelu. Tietotekniikan ja sähköisten palveluiden käyttö lisääntyi neuvolatoiminnassa. Tämä mahdollisti paremman tiedonhallinnan ja sujuvamman viestinnän perheiden ja terveydenhuollon ammattilaisten välillä. Ravitsemuksen parantamisen ohella rokotukset nousivat hyvin keskeiselle sijalle. Tällä alueella suomalainen terveydenhoito onkin saavuttanut erinomaisia tuloksia. Nykyään suomalaisen lapsen rokotusohjelma (Peltola 1993) lienee maailman kattavin. Kuitenkin myös tällä alueella on odotettavissa vielä monia uusia tehtäviä. Uusia rokotteita on tulossa. Suomalaisen väestön valmius rokotuksiin on ollut erinomainen. On kuitenkin varauduttava aktiiviseen valistustoimintaan, koska meilläkin on esiintynyt rokotusten tehoa ja merkitystä ymmärtämättömien henkilöiden vastustavia kannanottoja julkisessa sanassa ja jopa järjestäytymistä rokotuksia vastustavaksi yhdistykseksi (Kouvalainen 1993).

2010- 2020-luvuilla neuvoloiden palvelutarjonta laajeni edelleen käsittämään esimerkiksi imetysneuvontaa, mielenterveystukea ja varhaiskasvatusyhteistyötä. Perhevalmennuksen merkitys korostui, ja neuvolat tarjosivat entistä enemmän ryhmätoimintaa ja valmennuksia odottaville ja pienten lasten vanhemmille.

Neuvolatoiminnassa alettiin kiinnittää enemmän huomiota kulttuuriseen moninaisuuteen ja maahanmuuttajaperheiden erityistarpeisiin. COVID-19-pandemia toi mukanaan haasteita neuvolatoimintaan, mutta myös mahdollisuuksia kehittää etäpalveluita ja digitaalista vuorovaikutusta.

Viime vuosina neuvolat ovat saaneet uusia haasteita mm. kroonisten sairauksien ja ennen kaikkea mielenterveyden ja psykososiaalisten ongelmien ehkäisemisessä. Neuvoloiden osuutta kasvatusneuvonnassa ja -valistuksessa tulisi oleellisesti lisätä. Samanaikaisesti terveydenhuollon murros ja taloudellinen lama ovat tuoneet uhkia toimintojen kehittämiselle ja jopa nykyisen tason ylläpitämiselle. Viimeaikaiset tiedot neuvolakäynneistä ja mm. imeväisten D-vitamiinin saannista antavat aiheen tilanteen tarkkaan seuraamiseen. Neuvoloiden sairauksia ehkäisevä terveydenhuolto on taloudellisesti pitkällä aikavälillä yhteiskunnan kannattavimpia toiminta-alueita. (Kouvalainen 1995.)

"Äitiysneuvoloiden puolella valmiudet sikiön poikkeavuuksien ja sairauksien diagnostiikkaan ovat parantuneet tavalla, josta ei pari vuosikymmentä sitten osattu edes uneksia. Esimerkiksi kaikututkimukset tulisi ulottaa kaikkiin raskauksiin ja tarpeen mukaan toistettuina. Turvallisen syntymän järjestäminen eriasteisissa riskiraskauksissa on äitiysneuvoloissa keskeiseksi muodostunut ja haasteellinen työala. Väestön odotusten mukaisesta raskauden hoidon, synnytyksen ja syntymän "pehmeästä" ilmapiiristä on huolehdittava ilman, että äidin tai lapsen terveys siinä vaarantuisi. Uusia sairauksien ilmentyessä tai harvinaisempien

sairaustilojen (esim. aistivammat) yhteydessä neuvola-
henkilöstön tietojen ja taitojen tarve on valtavasti lisäänty-
nyt; puutteellinen osaaminen saattaa johtaa suuriin mene-
tyksiin sekä neuvolan asiakkaiden että talouden kannalta".
(Suora lainaus: Kouvalainen 1995.)

Lasten kasvun ja kehityksen seuranta on eräs lastenneu-
volan perinteisistä keskeisistä tehtävistä. Se edellyttää yk-
sityiskohtaisia tietoja sekä asioiden normaaliuden rajoista
että poikkeavuuksista. Esimerkiksi kasvukäyrät ovat edel-
leen avain lukuisien kiireistäkin tutkimusta ja hoitoa vaati-
vien sairauksien varhaisdiagnostiikkaan. (Kouvalainen
1995.)

Erityisen keskeiselle sijalle neuvoloiden sairauksia ehkäi-
sevässä työkentässä ovat viime vuosina nousseet mielen-
terveysongelmat. Kun mielenterveyden ongelmiin ja
psyykkisiin sairauksiin Maailman terveysjärjestön määrit-
telemän laajan terveyskäsitteen mukaisesti liitetään vielä
sosiaaliset ja moraaliset ongelmat, niistä kaikista yhteensä
koituu neuvoloille valtava haaste. "Kun olen joutunut parin
vuosikymmenen ajan pohtimaan lasten ja nuorten

sairauksien hoitoa ja ehkäisyä, olen jatkuvasti ja yhä syvemmin väestön psyykkisten, sosiaalisten ja moraalisten sairauksien ja ongelmien osalta päätynyt siihen, että maamme kasvatusjärjestelmiä on näiltä osin tarkistettava ja toimintoja tehostettava" pohtii Kouvalainen (1995.)

"Ihmisen persoonallisuus vahvoine ja heikkoine puolineen perustuu perimään, elämän ja erityisesti lapsuuden ajan kokemuksiin ja tapahtumiin sekä aktiiviseen kasvatukseen. Tältä pohjalta on viime vuosina muovautunut ns. ohjaavan kasvatuksen periaate. Jokaisen neuvolatyössä ja kouluterveydenhuollossa mukana olevan henkilön on tarkoin miellettävä kasvatuksen tavoitteet ja keinot. Lisäksi ne on voitava yksilöllisesti soveltaa kunkin asiakasperheen tarpeisiin. Jokaiselle äidille ja isälle tai niiksi aikoville tulee koulutuksella antaa selvä kuva kasvatuksen päälinjoista. Se on nähtävä haasteeksi ja siihen tulee investoida. Kasvatuksen tavoitteena tulisi olla onnellinen ja tasapainoinen ihminen, jolla on terve itsetunto ja toimiva omatunto, joka tuntee ja hyväksyy ihmisyyden perussäännöt ja normit, joka arvostaa myös toisia ihmisiä ja pystyy heidän

kanssaan yhteistoimintaan ja joka kestää vastoinkäymisiä"
kirjoittaa Kouvalainen (1995.)

Lastenneuvolatoiminta on yksi merkittävimmistä suomalaisen terveydenhuollon innovaatioista, ja sen kehitys on ollut keskeinen osa kansanterveyden parantamista ja lasten hyvinvoinnin edistämistä. Neuvolatoiminta on ollut tärkeä osa suomalaisen hyvinvointivaltion rakentamista.

Tulevaisuudessa neuvoloissa hyödynnetään yhä enemmän innovatiivisia ratkaisuja, kuten tekoälyä ja big dataa, terveyden seurannassa ja ennakoivassa hoidossa.Neuvolat jatkavat tiivistä yhteistyötä varhaiskasvatuksen, koulujen ja sosiaalipalvelujen kanssa, mikä mahdollistaa kokonaisvaltaisen tuen lapsille ja perheille.

Neuvoloiden järjestämät laajat rokotusohjelmat auttoivat merkittävästi vähentämään lasten tartuntatauteja, kuten kurkkumätää, hinkuyskää ja poliota. DTP-rokote (kurkkumätä, jäykkäkouristus ja hinkuyskä) tuli käyttöön vuonna 1952. Tämä yhdistelmärokote tarjosi laajan suojan useita vaarallisia tauteja vastaan. Poliorokote otettiin Suomessa käyttöön vuonna 1957, mikä johti poliotapausten merkittävään vähenemiseen. MPR-rokote (tuhkarokko, sikotauti ja vihurirokko) otettiin käyttöön vuonna 1975. Influenssarokotus tuli suositelluksi riskiryhmille 1970-luvun loppupuolella. Hepatiitti B -rokote otettiin Suomessa käyttöön 1980-luvulla, ensin riskiryhmille ja myöhemmin osaksi kansallista rokotusohjelmaa. (Wikipedia 2024.)

Haemophilus influenzae tyyppi B (Hib) -rokote: Hib-rokote otettiin käyttöön vuonna 1993, mikä johti Hib-infektioiden lähes täydelliseen häviämiseen Suomessa. Pneumokokkirokote otettiin käyttöön riskiryhmille 1990-luvulla. Rotavirusrokote otettiin kansalliseen rokotusohjelmaan vuonna 2009, mikä vähensi merkittävästi lasten rotavirusinfektioita ja niistä aiheutuvia sairaalahoitoja. HPV-rokote otettiin käyttöön tytöille vuonna 2013 kohdunkaulan syövän ehkäisemiseksi. Myöhemmin rokote laajennettiin myös pojille. (Wikipedia 2024.)

Pneumokokkirokote otettiin osaksi kansallista rokotusohjelmaa vuonna 2010, mikä on vähentänyt pneumokokkitauteja lapsilla. Meningokokkirokote otettiin käyttöön riskiryhmille ja tietyille ikäryhmille. (Wikipedia 2024.)

Vuonna 2021 Suomi aloitti COVID-19-rokotukset osana maailmanlaajuista pandemiaa vastaan taistelua. Rokotukset alkoivat riskiryhmistä ja terveydenhuollon henkilöstöstä ja laajenivat nopeasti koko väestöön.

Suomen kansallinen rokotusohjelma on laajentunut kattamaan yhä enemmän tauteja ja rokotteita. Ohjelmaa päivitetään säännöllisesti, ja se kattaa nykyisin monia erilaisia rokotuksia lapsille, nuorille ja aikuisille. Suomessa on korkea rokotuskattavuus, mikä on osaltaan johtanut monien tartuntatautien lähes täydelliseen katoamiseen. Rokotteiden saatavuus on hyvä, ja niiden turvallisuutta seurataan tarkasti. Kansallisen rokotusohjelman ansiosta rokotteet ovat ilmaisia ja helposti saatavilla koko väestölle.

Rokotetutkimus jatkuu aktiivisesti, ja uusia rokotteita kehitetään jatkuvasti. Tulevaisuudessa voi tulla uusia rokotteita esimerkiksi syöpää, HIV:iä ja muita infektioita vastaan. mRNA-teknologian, kuten COVID-19-rokotteissa käytetyn teknologian, odotetaan tuovan uusia mahdollisuuksia rokotekehitykseen. mRNA-teknologialla valmistettujen rokotteiden merkittävänä etuna pidetään

niiden helppoa muokattavuutta. Esimerkiksi koronaroko-
tetta voidaan muokata viruskannan mukaan. Perinteisen
rokotteen muokkaaminen on huomattavasti työläämpää.
mRNA-ohjeen helpon päivittämisen vuoksi myös rokottei-
den valmistaminen on nopeampaa ja helpompaa. Rokot-
teiden kehitys ja käyttöönotto Suomessa on ollut jatkuvaa
ja merkittävää, mikä on parantanut väestön terveyttä ja vä-
hentänyt tartuntatautien aiheuttamaa sairastavuutta ja
kuolleisuutta. (Wikipedia 2024.)

Suomen tautien muuttuva kuva tälle vuosi-tuhannelle tultaessa

Verrattaessa 1800-luvun yleisimpiä tauteja ja kuolinsyitä
nykyaikaan, voidaan todeta tilanteen muuttuneen perin-
pohjaisesti. Infektiotaudit, kuten tuberkuloosi, olivat vielä
1950-luvulla hyvin yleisiä ja näin erityisesti lapsilla. Sekä
biolääketieteen että kliinisen lääketieteen kehityksen ansi-
osta kuolleisuus on kaikissa ikäryhmissä kuitenkin merkit-
tävästi vähentynyt. Taudinkuvien muuttumisen johdosta

ovat sairaalatkin muuttuneet vastaamaan nykyajan tarpeita. (Pesonen 1980, 495.)

Vuosituhannen vaihteen jälkeen yleisin kuolemaan johtava tauti on miehillä sepelvaltimotauti ja naisilla vastaavasti rintasyöpä. Sepelvaltimotauti on ollut johtava suomalaisten miesten tauti aina 1960-luvulta lähtien. Taudin maantieteellisessä levinneisyydessä on mielenkiintoista ero Itä- ja Länsi-Suomen välillä, sillä Länsi-Suomessa sepelvaltimotautia on huomattavasti vähemmän kuin Itä-Suomessa. Yhtenä syynä itäsuomalaisten miesten sairastavuuteen on perinteisesti pidetty runsaasti tyydyttyneitä rasvoja sisältävää ruokavaliota ja korkeaa kolesterolia, jotka johtavat verisuonten tukkeutumiseen. Länsi-Suomessa sitä vastoin syödään enemmän kalaa ja parempia rasvoja kuin Itä-Suomessa. (Ignatius 2000, 587-589.)

Vaikka sepelvaltimotautiin sairastuminen on Suomessa vähentynyt, tästä huolimatta yli puolet kaikista kuolemaan johtavista taudeista on sydän- ja verisuoniperäisiä sairauksia. Itä-Suomen tilannetta on yritetty parantaa erilaisilla projekteilla, joilla on pyritty vaikuttamaan ruokavalioon

(Ignatius 2000, 588,Teperi & Vuorenkoski, 2005). Projektit ovat olleet menestyksekkäitä. Toisaalta, vieläkään ei tiedetä tarkkaan, miksi Itä-Suomessa esiintyy enemmän sepelvaltimotautia kuin lännessä. Ignatiuksen (2000, 589) mukaan on edelleen mysteeri, miksi sepelvaltimotaudissa koettiin piikki 1900-luvun jälkipuoliskolla ja miksi taudin esiintyvyys lähti sittemmin nopeasti laskuun. Yhden kannatusta saaneen näkemyksen mukaan sepelvaltimotauti olisi tavalla tai toisella yhteydessä infektioihin.

Sydän- ja verisuonitauteihin kuuluvat esimerkiksi sydänkohtaukset, verenpainetaudit ja aivohalvaukset. Sydän- ja verisuonitaudit ovat yleisiä ja vaikuttavat merkittävästi kansanterveyteen.

2000-vuoluvun alussa (THL 2008, 14) ilmestyneen Terveyden ja hyvinvoinnin laitoksen raportin mukaan sydän ja verisuonisairauksiin liittyvä kuolleisuus on ollut jatkuvassa laskussa, koska väestön kolesterolit ja verenpaineet yhdessä vähentyneen tupakoinnin kanssa ovat kohentaneet yleistä terveydentilaa. Vuosituhannen vaihteen jälkeen sydän- ja verisuonisairauksista aiheutuvat kuolemat ovat vähentyneet 80 % verrattuna 1970-luvun tilanteeseen. THL:n raportin mukaan syynä ovat paitsi kolesterolin, kohonneen verenpaineen ja tupakoinnin vähenemisen ohella myös aiempaa tehokkaammat sydän- ja verisuonisairauksien hoitomuodot. Vaikka tilanne esimerkiksi sepelvaltimotaudin osalta on kohentunut huomattavasti, tautia esiintyy Suomessa silti merkittävästi enemmän kuin muissa maissa.

Sydän- ja verisuonisairauksien ohelle toinen merkittävästi kuolemia aiheuttava tauti on syöpä. Järvelinin (2002, 6-8) mukaan enemmän kuin joka neljäs suomalainen kärsii elämänsä aikana syövästä. Syöpä on vakava sairaus, joka voi vaikuttaa eri elimiin ja kudoksiin. Syöpädiagnoosi voi olla pelottava, mutta varhainen havaitseminen ja hoito ovat tärkeitä. Miehillä yleisimmät syövät ovat eturauhassyöpä ja keuhkosyöpä, naisilla puolestaan rintasyöpä ja paksusuolen syöpä. Aiempaa paremman diagnosoinnin ja geenitutkimuksen ansiosta syövän hoitomuodot ovat kuitenkin kehittyneet huomattavasti. Hyvä esimerkki rintasyövän hoidossa tapahtuneesta kehityksestä on, että jos 1970-luvulla potilaan rinnasta löydettiin kyhmy, potilas ohjattiin leikkaukseen, jossa kyhmystä otettiin koepala analysoitavaksi. Mikäli kasvain osoittautui pahanlaatuiseksi, potilaalta poistettiin koko rinta. Jos kasvaimesta oli lähtenyt etäpesäkkeitä, aloitettiin sädehoito ja seuraavaksi tarkkailtiin, miten tilanne kehittyy. Vielä 1970-luvulla tämä oli ainoa tapa hoitaa rintasyöpää. Nykyään pystytään tekemään paljon enemmän molekyylitasolla, sillä löydettäessä tiettyjä hormonireseptoreita voidaan arvioida, miten niihin liittyvä rintasyöpä kehittyy ja onko se nopeasti etenevää vai hidasta. Kaiken kaikkiaan rintasyöpään pystytään reagoimaan paljon nopeammin kuin 1970-luvulla, minkä tähden hoidotkin ovat nykyään tuloksekkaampia. (Puska 2010.)

Suomalaiset kärsivät myös infektiotaudeista, diabeteksesta, joka on pitkäaikainen sairaus, joka vaikuttaa verensokeritasoon. Se voi aiheuttaa monenlaisia terveysongelmia, kuten sydän- ja verisuonisairauksia, munuaisvaurioita ja näköhäiriöitä sekä astmasta, joka on hengityselinten sairaus, joka voi aiheuttaa hengitysvaikeuksia ja allergioista, jotka puolestaan voivat aiheuttaa oireita kuten nuhaa, ihottumaa ja silmien kutinaa. Suomalaiset sairastavat myös keuhkoahtaumatautia (COPD) ja keuhkofibroosia. Nämä sairaudet vaikuttavat hengityselimiin ja voivat aiheuttaa hengitysvaikeuksia. Lisäksi Suomessa sairastetaan tuki- ja liikuntaelinten sairauksia. Näihin kuuluvat esimerkiksi nivelrikko, selkävaivat ja osteoporoosi. Nämä sairaudet voivat rajoittaa liikkumista ja aiheuttaa kipua. (THL 2008.) Muistisairaudet, kuten Alzheimerin tauti, ovat yleistyneet, kun ihmiset elävät pidempään. Ne vaikuttavat merkittävästi vanhenevaan väestöön. (Puska 2010.)

Mielenterveyden hoidon edistämiseksi valmisteltiin Mielenterveyslaki (1116/1990). Se on Suomen laki, joka säätelee mielenterveyspalvelujen järjestämistä ja mielenterveyspotilaiden oikeuksia. Tämän lain tarkoituksena on edistää ja ylläpitää väestön mielenterveyttä sekä varmistaa mielenterveyshäiriöistä kärsivien henkilöiden asianmukainen hoito ja kohtelu.

Laki velvoittaa kuntia järjestämään mielenterveyspalveluja, jotka vastaavat alueen väestön tarpeisiin. Palveluihin kuuluvat muun muassa ennaltaehkäisevät toimet, hoito ja kuntoutus.

Laki sisältää hoitoon pääsyn ja potilaan oikeudet hoitoon. Potilaalla on oikeus saada tarpeenmukaista ja laadukasta hoitoa ilman aiheetonta viivytystä. Laki myös korostaa potilaan itsemääräämisoikeutta ja oikeutta osallistua hoitoaan koskevaan päätöksentekoon.

Laki säätää ehdot tahdosta riippumattomalle hoidolle. Potilas voidaan määrätä tahdosta riippumattomaan hoitoon vain, jos hän on mielenterveyshäiriön vuoksi vaaraksi itselleen tai muille, eikä muut hoitomuodot ole riittäviä. Mielenterveyspalveluissa on kiinnitettävä erityistä huomiota potilasturvallisuuteen ja ihmisarvoiseen kohteluun. Hoito on järjestettävä potilaan tarpeet huomioon ottaen ja mahdollisimman vähän rajoittavin keinoin.

Mielenterveysongelmat lisääntyivät erityisesti 1990-luvun alun lamavuosina. Depression ja ahdistuneisuushäiriöiden tunnistaminen ja diagnoosien erottelu yleistyi. Myös persoonallisuushäiriöiden, kuten rajatilapersoonallisuushäiriön, tunnistaminen lisääntyi. Alkoholismia ja päihdeongelmia alettiin käsitellä yhä enemmän mielenterveysongelmina eikä pelkästään moraalisina heikkouksina.

1900-luvun loppupuolella PTSD (traumaperäinen stressi-häiriö) alettiin tunnistaa erityisesti sotilaiden ja väkivallan uhrien keskuudessa. Anoreksia nervosa ja bulimia nervosa syömishäiriöt tunnistettiin ja diagnosoitiin yhä useammin. Tarkkaavaisuushäiriö ADHD tuli tunnetuksi ja siitä tuli yleisempi diagnoosi erityisesti lasten keskuudessa.

2000- ja 2010-luvuilla masennus- ja ahdistushäiriöiden esiintyvyys nousi, ja niistä tuli yksi yleisimmistä mielenterveysongelmista. Burnout (työuupumus) tunnistettiin yhä enemmän mielenterveysongelmana. Autismikirjon häiriöiden diagnosointi yleistyi ja ymmärrys niistä kasvoi. Uusien päihteiden, kuten synteettisten huumeiden, käyttö yleistyi ja niihin liittyvät mielenterveysongelmat lisääntyivät.

COVID-19-pandemia (2019–), jonka aiheuttajana oli/on SARS-CoV-2-virus. Virus levisi nopeasti ympäri maailmaa aiheuttaen miljoonia sairastumisia ja kuolemia. Pandemia johti laajoihin sulkutoimiin, matkustusrajoituksiin ja muutoksiin jokapäiväisessä elämässä. Sairaalat ylikuormittuivat, ja monet terveydenhuollon resurssit kohdistettiin COVID-19-potilaiden hoitoon.

Rokotteiden nopea kehitys ja käyttöönotto: Useita tehokkaita rokotteita kehitettiin ennätysajassa ja otettiin käyttöön laajamittaisesti.

Maailmanlaajuiset järjestelmät, kuten WHO Global Outbreak Alert and Response Network (GOARN), seuraavat tartuntatautien leviämistä ja auttavat nopeassa reagoinnissa. Genomiikan avulla voidaan nopeasti tunnistaa uusia taudinaiheuttajia ja seurata niiden leviämistä ja mutaatioita.

COVID-19-pandemian aikana mRNA-teknologia osoitti kykynsä nopeaan ja tehokkaaseen rokotteen kehitykseen. Globaalien rokotetuotantokapasiteettien kasvattaminen ja jakeluverkostojen parantaminen ovat keskeisiä tulevaisuuden pandemioiden hallinnassa.

Sosiaalinen etäisyys ja maskien käyttö ovat osoittautuneet tehokkaiksi hidastamaan virusten leviämistä. Tartunnan saaneiden ja altistuneiden henkilöiden nopea eristäminen on tärkeää taudin leviämisen estämiseksi. Älypuhelinsovellukset, jotka seuraavat käyttäjien terveyttä ja mahdollisia altistumisia, ovat tulleet yhä tärkeämmiksi.

Etävastaanotot ja -konsultaatiot mahdollistavat hoidon saamisen ilman fyysistä käyntiä terveydenhuollon laitoksessa.

Pandemioiden hallinta vaatii laajaa kansainvälistä yhteistyötä ja nopeaa tiedonvaihtoa maiden välillä. Rahoituksen varmistaminen pandemioiden ehkäisyyn, tutkimukseen ja valmiustoimiin on elintärkeää.

Pandemioiden torjunta on monimutkainen ja monitahoinen haaste, joka vaatii jatkuvaa valmiutta, nopeaa reagointia ja laajaa yhteistyötä. Pandemioiden hallinta- ja ehkäisymenetelmät kehittyvät jatkuvasti, ja niiden onnistuminen riippuu niin tieteellisistä edistysaskeleista kuin poliittisesta ja yhteiskunnallisesta tahdosta. (Wikipedia 2024.)

2020-luvulla COVID-19-pandemia on lisännyt huomattavasti mielenterveysongelmia, kuten masennusta, ahdistusta ja PTSD. Sosiaalisen median ja jatkuvan online-läsnäolon vaikutukset mielenterveyteen ovat nousseet keskusteluun, erityisesti nuorten keskuudessa.

Ilmastonmuutoksen aiheuttama ahdistus ja stressi ovat yleistyneet, erityisesti nuorten parissa. Ilmastonmuutoksen vaikutukset koskevat myös ikääntyneitä ihmisiä ja vaikutuksia on seurattava ja niihin on varauduttava. Pitkittyneet helleaallot voivat olla kohtalokkaita erityisesti yli 75-vuotiaille. Muutaman vuoden takaisen suomalaistutkimuksen mukaan kuuma sää on 2000-luvulla lisännyt kuolleisuutta keskimäärin jopa 21 prosenttia. Hellejakso on arvioitu olevan suurempi riski naisille kuin miehille. Elimistön lämmönsäätelykyky laskee vanhenemisen myötä, ja silloin suurenee myös nestevajauksen riski. Kuolleisuusriski on suuri erityisesti ihmisillä, joilla on verenkierto- ja hengityselinsairauksia, mielenterveyden häiriöitä tai hermoston sairauksia. Myös yksin eläminen voi lisätä terveysriskiä.

Kun ilmaston muutoksen haitallisten vaikutusten kuten lämpenemisen ja myrskyjen arvioidaan kohdistuvan kipeimmin juuri haavoittuviin ihmisryhmiin, lisääntyy myös sosiaalisen tuen ja avun tarve. Lisäksi kallistuvan energian ja hiilineutraaliin energiaan siirtymisen myötä pienituloisten ja köyhien, jo nyt usein puutteellisesti asuvien, asema heikkenee ilman yhteiskunnan tukea. (Wikipedia 2024.)

Ilmaston lämpeneminen aiheuttaa siis monia haasteita terveydelle Suomessa. Muun muassa pitkittyneet hellejaksot voivat aiheuttaa lämpöhalvauksia, pahentaa sydän- ja verisuonisairauksia sekä lisätä kuolleisuutta erityisesti vanhusten ja kroonisesti sairaiden keskuudessa. Lämpenevä ilmasto voi lisätä ilmansaasteiden, kuten pienhiukkasten ja otsonin, määrää ilmakehässä. Tämä voi pahentaa hengityselinsairauksia, kuten astmaa ja keuhkoahtaumatautia. Kasvukauden pidentyminen ja lämpötilojen nousu voivat lisätä siitepölyn määrää ja altistumista erilaisille allergeeneille. Tämä voi pahentaa allergisia sairauksia ja astmaa. Lämpeneminen voi edistää tiettyjen vesivälitteisten ja ruokaperäisten tautien leviämistä, koska lämpimämmät olosuhteet voivat suosia esimerkiksi bakteerien ja virusten lisääntymistä. Lämpenevä ilmasto voi mahdollistaa uusien tautivektoreiden, kuten punkkien ja hyttysten, leviämisen alueille, joilla niitä ei aiemmin ole ollut. Tämä voi lisätä vektorivälitteisten tautien, kuten Lymen taudin ja puutiaisaivokuumeen, esiintyvyyttä. Ilmastonmuutoksen aiheuttamat

äärimmäiset sääilmiöt, kuten tulvat ja myrskyt, voivat ai-
heuttaa psykologista stressiä ja ahdistusta. Lisäksi muu-
tokset elinympäristössä ja elinkeinoissa voivat vaikuttaa
mielenterveyteen. Ilmastonmuutoksen vaikutukset maata-
louteen voivat johtaa ruuan hinnan nousuun ja saatavuu-
den heikkenemiseen, mikä voi puolestaan vaikuttaa väes-
tön ravitsemustilaan. (Wikipedia 2024.)

Näiden terveyshaasteiden torjumiseksi on tärkeää kehit-
tää sopeutumistoimenpiteitä, kuten parantaa terveyden-
huollon valmiuksia, lisätä kansalaisten tietoisuutta ilmas-
tonmuutoksen terveysvaikutuksista ja edistää kansanter-
veyttä suojaavia toimia.

Sosiaali- ja terveyspalvelujärjestelmä joutuu sopeutu-
maan ilmastonmuutokseen uudenlaisten avuntarvitsijoi-
den ja avun tarpeen määrän muutosten myötä. Myös Sit-
ran megatrendeistä 2020 yksi liittyy ilmastonmuutokseen
ja esittää, että ekologisella jälleenrakennuksella on kiire.

YK:n kestävän kehityksen toimintaohjelma Agenda
2030:n tavoitteena on kääntää globaali kehitys uralle,
jossa ihmisten hyvinvointi ja ihmisoikeudet, talouden

vauraus ja yhteiskuntien vakaus turvataan ympäristön kannalta kestävällä. Suomi on osaltaan sitoutunut kestävän kehityksen tavoitteiden edistämiseen tavalla. Arvioiden mukaan Suomen suurimmat haasteet kestävän kehityksen politiikassa liittyvät ilmastonmuutokseen, ympäristön tilaan ja kulutukseen sekä yhteiskunnan eriarvoistumiseen.

Pääministeri Sanna Marinin hallitus on identifioinut "ilmastomuutoksen ihmiskunnan suurimmaksi uhkaksi, ja on sitoutunut toimimaan tavalla, jonka seurauksena Suomi on hiilineutraali vuonna 2035 ja hiilinegatiivinen nopeasti sen jälkeen. On tärkeää, että siirtymä tehdään paitsi ekologisesti myös taloudellisesti ja sosiaalisesti kestävien ratkaisujen kautta. Toimenpiteissä on syytä tunnistaa ja tehdä näkyväksi niiden vaikutukset myös ikääntyvälle väestölle, ja varmistaa, ettei ketään jätetä jälkeen yhteiskunnassa". (Suora lainaus, lähde: STM, Kansallinen Ikäohjelma vuoteen 2030 -tavoitteena ikäkyvykäs Suomi 2020, Suonsivu 2023.)

Hoitomuotojen ja lääketeollisuuden kehitys 1950 luvulta 2020 luvulle

Lääke- ja hoito- ja sosiaalitieteiden kehitys on ollut keskeisessä roolissa terveyden- sekä sosiaalihuollon ja potilaiden hoidon parantamisessa viime vuosikymmeninä (Sorvettula, Maija 1998). Tämä kehitys on mahdollistanut merkittäviä edistysaskeleita sairauksien ehkäisyssä, diagnosoinnissa ja hoidossa sekä sosiaalisten ongelmien tunnistamisessa.

Hoitotieteessä on siirrytty kohti potilaskeskeistä hoitoa, jossa potilaan yksilölliset tarpeet ja mieltymykset otetaan huomioon hoidon suunnittelussa ja toteutuksessa.

Potilaat ovat yhä enemmän mukana päätöksenteossa omasta hoidostaan, mikä parantaa hoidon sitoutumista ja tuloksia. Teknologian integrointi, E-health ja telelääketiede, ovat parantaneet potilaiden hoitoa. Digitaalisten terveyspalvelujen ja etälääketieteen kehitys on mahdollistanut hoidon saatavuuden paranta0misen, erityisesti maaseudulla ja syrjäseuduilla. Sähköiset potilastietojärjestelmät (EHR) parantavat potilastietojen hallintaa ja

saatavuutta, mikä lisää hoidon tehokkuutta ja potilasturval-
lisuutta. Mobiilisovellutusten ja wearables in healthcare
technology avulla potilaat ja asiakkaat voivat seurata
omaa terveyttään ja hyvinvointiaan reaaliajassa, mikä tu-
kee ennaltaehkäisyä ja kroonisten sairauksien hallintaa.

Hoitotieteessä on korostettu moniammatillisen yhteistyön
merkitystä, jossa lääkärit, hoitajat, farmaseutit ja muut ter-
veydenhuollon ammattilaiset työskentelevät yhdessä poti-
laan parhaaksi. Tutkimus ja näyttöön perustuva hoito ovat
keskiössä hoitotyössä. Hoitotieteellinen tutkimus on laa-
jentunut ja syventynyt, ja uusia hoitokäytäntöjä kehitetään
jatkuvasti tieteellisen näytön perusteella. Hoitokäytäntöjä
kehitetään ja optimoidaan tutkimustiedon pohjalta, mikä
parantaa hoidon laatua ja tehokkuutta.

Muiden lääketieteen alojen kehityksen rinnalla myös 1950-
ja 1960-luvuilla psykiatrian koulutus laajeni.

1940-1960-luvuilla toteutettiin sydänkirurgian osalta en-
simmäiset avosydänleikkaukset ja sydämen vajaatoimin-
nan kirurginen hoito. Syöpähoidossa otettiin käyttöön sä-
dehoito ja kemoterapia syövän hoidossa. Jonas Salkin

kehittämä poliorokote (1955) vähensi merkittävästi poliotapauksia.

1960-1980-luvuilla toteutettiin ensimmäiset onnistuneet elinsiirrot, kuten munuaisen, maksan ja sydämen siirrot. Psykiatrisessa hoidossa otettiin laajaan käyttöön lääkkeet, kuten antipsykootit ja masennuslääkkeet.

Psykiatrian alalla 1960- ja 1970-luvuilla alettiin suosia potilaiden yhteisö- ja avohoitoa. Laitoshoidosta siirryttiin yhä enemmän kohti hoitoa yhteisössä, jolloin potilaat saivat apua omassa elinympäristössään.

Mielisairaiden hoito on kehittynyt merkittävästi viimeisten 200 vuoden aikana. Laitoshoidosta ja epäinhimillisistä hoitomenetelmistä on siirrytty kohti monipuolisempia, integroidumpia ja potilaslähtöisempiä hoitomalleja. Nykyään painotetaan ennaltaehkäisyä, varhaista puuttumista, teknologian hyödyntämistä sekä potilaiden itsemääräämisoikeutta ja osallisuutta hoitoprosessissa. 2000-luvulla mielenterveyden hoito on kehittynyt kohti integroituja hoitomalleja, joissa yhdistetään lääkitystä, psykoterapiaa ja sosiaalista tukea. Painopisteenä on ollut myös ennaltaehkäisy ja varhaisen vaiheen interventiot.

Teknologia on tuonut uusia mahdollisuuksia mielenterveyden hoidossa, kuten etäterapia, mobiilisovellukset ja digitaaliset hoitomuodot.

Telelääketieteen käyttöönotto on laajentunut. Videovastaanotot/etävastaanotot ja etäkonsultaatiot ovat yleistyneet sekä digitaalinen seuranta yleistyivät, erityisesti COVID-19-pandemian myötä. Nämä parantavat terveydenhuollon saavutettavuutta ja vähentävät tarpeettomia käyntejä terveydenhuollon laitoksissa.

Nämä innovaatiot ovat lisänneet hoidon saavutettavuutta ja mahdollistaneet paremman seurannan. Yhteiskunnassa on tapahtunut merkittävä muutos mielenterveysongelmien stigmaan liittyen. Avoin keskustelu ja tietoisuuden lisääminen ovat parantaneet ymmärrystä mielenterveysongelmista. Potilaan osallisuuden lisääminen. Potilaiden oikeuksia ja itsemääräämisoikeutta kunnioitetaan yhä enemmän. Potilaat osallistuvat aktiivisesti oman hoitonsa suunnitteluun ja päätöksentekoon.

1980-2000-luvuilla on tapahtunut HIV/AIDS-hoidon kehitystä antiretroviraalisten lääkkeiden ja niiden käyttöönoton avulla HIV:n hoidossa. Yli 32 miljoonaa ihmistä on kuollut AIDS:iin. Tauti on muuttunut kroonisesti hoidettavaksi sairaudeksi tehokkaiden antiretroviraalilääkkeiden ansiosta, mutta on yhä merkittävä globaalinen terveysongelma.

Syövän hoitoa ovat edistäneet sädehoitoteknologiat ja kohdennetut lääkehoidot, kuten monoklonaaliset vasta-aineet. Syövän hoitoon on kehitetty immunoterapiat, kuten immuunijärjestelmää tehostavat lääkkeet.

Laparoskooppisessa kirurgiassa on tapahtunut vähäisinvasiivisten kirurgisten menetelmien kehitys. Minimaalisesti invasiivisessa kirurgiassa robotiikka ja laparoskooppiset menetelmät yleistyvät. Robottiavusteiset leikkaukset tarjoavat tarkempia ja vähemmän invasiivisia vaihtoehtoja perinteisille kirurgisille toimenpiteille. Robotiikkaa käytetään myös laboratoriotyössä ja logistiikassa, mikä tehostaa terveydenhuollon prosesseja.

2000-2020-luvuilla ovat kehittyneet genomiikka ja henkilökohtainen lääketiede. Genomitutkimus ja farmakogenomiikka mahdollistivat yksilölliset hoitosuunnitelmat. Genomiikan avulla voidaan kehittää yksilöllisiä hoitomenetelmiä, jotka ovat räätälöityjä potilaan geneettisen profiilin mukaan.

Soluterapia ja regeneratiivinen lääketiede ovat kehittyneet siten, että kantasoluterapia ja kudosteknologia ovat parempia kuin aiemmin. Edistykset kantasoluhoidoissa tarjoavat uusia mahdollisuuksia monien sairauksien, kuten syövän, neurodegeneratiivisten sairauksien ja sydänsairauksien hoidossa.

Magneettikuvaus (MRI) ja tietokonetomografia (CT) ovat parantuneet huomattavasti, tarjoten tarkempia ja nopeampia kuvantamistuloksia. 3D-kuvantaminen mahdollistaa tarkemmat analyysit ja suunnittelun, erityisesti kirurgisissa toimenpiteissä. Se mahdollistaa kudosten ja jopa elinten tulostamisen, mikä voi tulevaisuudessa vähentää elinsiirtojen tarvetta.

Digitalisaatio on kehittynyt potilaiden hoitamiseksi. Elektroniset potilastietojärjestelmät, tekoäly diagnostiikassa ja koneoppiminen hoidon suunnittelussa on otettu laajempaan käyttöön. Näitä käytetään diagnostiikassa, hoidon suunnittelussa ja potilastietojen analysoinnissa, mikä mahdollistaa henkilökohtaisemman ja tarkemman hoidon. Tekoäly voi analysoida suuria määriä lääketieteellistä dataa, kuten kuvantamis- ja geenitietoja, (CRISPR ja geenieditointi mahdollistavat tarkkoja muutoksia DNA:ssa avaten ovia geneettisten sairauksien hoitoon ja ehkäisyyn ja auttaa lääkäreitä tekemään tarkempia diagnooseja). Tekoälyä käytetään myös ennustamaan sairauksien puhkeamista ja leviämistä, mikä voi auttaa ennaltaehkäisevässä terveydenhuollossa. Teknologian nopea kehitys tuo mukanaan myös eettisiä ja sääntelyhaasteita, kuten tietosuoja, potilaiden suostumus ja tekoälyn käyttämisen vastuut. Näiden haasteiden ratkaiseminen on keskeistä terveysteknologian kestävän kehityksen kannalta.

Terveysteknologian kehitys on ollut merkittävässä roolissa parantamassa terveydenhuoltoa ja potilaiden hoitoa viime vuosikymmeninä. Tämä kehitys on tuonut mukanaan monia innovaatioita, jotka ovat mullistaneet tapaa, jolla sairauksia diagnosoidaan, hoidetaan ja seurataan.

Mobiiliterveys (mHealth) ja puettavat laitteet, Älykkäät laitteet ja sovellukset kuten älykellot ja terveystarkkailusovellukset, mahdollistavat reaaliaikaisen seurannan ja terveydenhallinnan.

Terveysteknologian kehitys jatkuu nopeasti, ja sen odotetaan tuovan yhä enemmän innovaatioita, jotka parantavat terveydenhuollon tehokkuutta, potilasturvallisuutta ja hoidon laatua.

Tulevaisuuden suuntauksina ovat muun muassa genomiikka ja henkilökohtainen lääketiede. Genomiikan ja henkilökohtaisen lääketieteen kehitys mahdollistaa entistä tarkemman ja yksilöllisemmän hoidon. Robotiikan ja tekoälyn käyttö terveydenhuollossa tulee lisääntymään, mikä voi tehostaa diagnooseja ja hoitoja. Yhä enemmän huomiota kiinnitetään kestävään kehitykseen ja ympäristöystävällisiin käytäntöihin terveydenhuollossa.

Lääke- ja hoitotieteen kehitys jatkuu voimakkaasti, ja tulevaisuudessa nähdään todennäköisesti yhä enemmän innovaatioita, jotka parantavat potilaiden hoitoa ja terveydenhuoltojärjestelmiä maailmanlaajuisesti.

Tulevaisuudessa kehitetään täsmälääketiedettä niin, että saadaan entistä tarkemmat ja henkilökohtaisemmat hoidot perustuen yksilön geneettiseen profiiliin. Keinoäly ja big data parantavat diagnostiikkaa, ennusteita ja hoitopäätöksiä. Bioteknologian kehittymisen myötä geenieditointi, kuten CRISPR, tarjoaa mahdollisuuksia parantaa perinnöllisiä sairauksia. Regeneratiivisessa lääketieteessä kudos- ja elinuudistaminen kehittyy edelleen.

Tämä kehitys on mahdollistanut monien aiemmin parantumattomien sairauksien hoidon ja parantamisen sekä parantanut potilaiden elämänlaatua merkittävästi. Edistys asettaa myös uusia haasteita, kuten eettisiä kysymyksiä ja terveydenhuollon kustannusten hallintaa, mutta tarjoaa samalla lupaavia mahdollisuuksia entistä parempaan terveydenhuoltoon.

Lääketeollisuuden kehitys mahdollistaa uusien lääkkeiden kehityksen. Lääkekehitykseen tuodaan uusia prosesseja. Farmakogenetiikan prosessi sisältää tutkimusta, joka selvittää, miten potilaan geneettinen tausta vaikuttaa lääkkeiden tehoon ja turvallisuuteen, se on edistänyt

yksilöllistettyä lääkehoitoa. Uudet teknologiat, kuten teko-
äly ja koneoppiminen, ovat tehostaneet lääkkeiden löytö-
prosessia, auttaneet tunnistamaan uusia lääkemolekyy-
lejä ja optimoineet kliinisiä tutkimuksia. Kliinisten tutkimus-
ten laajentuminen ja kansainvälinen yhteistyö ovat nopeut-
taneet uusien lääkkeiden kehitystä ja markkinoille pääsyä.

2020- luvulla on mielenterveyden häiriöiden tunnistaminen
ja hoitomenetelmät ovat kehittyneet huomattavasti. Nyky-
ään Suomessa on laaja valikoima hoitovaihtoehtoja, kuten
terapiat, lääkehoidot ja erilaiset tukipalvelut, jotka auttavat
ihmisiä selviytymään mielenterveyden haasteista. Sairaa-
loiden hoitoajat ovat lyhentyneet. Mielenterveyspotilaita
hoidetaan yhä enemmän avohoidossa tai päiväsairaa-
loissa. Mielisairaaloita on lopetettu ja potilaiden hoitopaik-
koja on siirretty erikoissairaanhoidon osastoryhmien yh-
teyteen.

Mielenterveyden edistämiseen ja hoidon kehittämiseen on kiinnitetty runsaasti huomiota myös lainsäädännöissä. Sote - uudistuksen yhteydessä uudistettiin myös mielenterveyden edistämisen ja ehkäisevän päihdetyön lakia sekä mielenterveyslakia (https://stm.fi/soteuudistus).

Kehitysvammaisten erityishuollosta annettu laki 1977

Kehitysvammaisten erityishuollosta annettu laki vuodelta 1977 (Laki kehitysvammaisten erityishuollosta, 23.6.1977/519) oli merkittävä lainsäädännöllinen uudistus Suomessa, joka paransi kehitysvammaisten henkilöiden oikeuksia ja palveluita. Lain tarkoituksena oli varmistaa, että kehitysvammaiset henkilöt saavat tarvitsemansa erityishuollon ja tukea heidän osallistumistaan yhteiskuntaan.

Ennen lain voimaantuloa kehitysvammaisten henkilöiden palvelut ja oikeudet olivat hajanaiset ja vaihtelevat eri puolilla Suomea. Palveluiden järjestäminen oli pitkälti kuntien vastuulla, eikä valtakunnallisia yhtenäisiä käytäntöjä ollut. Tämä johti tilanteisiin, joissa kehitysvammaisten henkilöiden saama tuki ja palvelut vaihtelivat suuresti riippuen asuinpaikasta.

Kehitysvammaisten erityishuollosta annetun lain tavoitteena oli erityishuollon järjestäminen. Laki velvoitti kuntia ja kuntayhtymiä järjestämään kehitysvammaisille henkilöille erityishuoltoa, joka vastasi heidän yksilöllisiä tarpeitaan. Kehitysvammaiselle henkilölle tuli laatia henkilökohtainen hoito- ja palvelusuunnitelma, joka perustui hänen yksilöllisiin tarpeisiinsa ja tilanteeseensa.

Laki määritteli kehitysvammaisten henkilöiden oikeuden saada erityishuoltoa, joka kattoi muun muassa asumisen, koulutuksen, työtoiminnan, terveydenhuollon ja muun tarvittavan tuen. Laki korosti kehitysvammaisten henkilöiden oikeutta koulutukseen ja kuntoutukseen, mikä edisti heidän mahdollisuuksiaan itsenäiseen elämään ja osallistumiseen yhteiskunnassa. Laki sisälsi säännöksiä erityishuollon laadun ja valvonnan parantamisesta, mikä takasi, että palvelut olivat asianmukaisia ja korkealaatuisia.

Lain keskeisiin periaatteisiin kuuluivat itsemääräämisoikeus. Kehitysvammaisten henkilöiden itsemääräämisoikeutta kunnioitettiin, ja heidän toiveensa ja mielipiteensä otettiin huomioon hoito- ja palvelusuunnitelmia laadittaessa.

Lain tavoitteena oli edistää kehitysvammaisten henkilöiden yhteiskunnallista osallisuutta ja mahdollisuuksia elää mahdollisimman itsenäistä ja täysipainoista elämää. Laki painotti myös kehitysvammaisten henkilöiden perheiden tukemista ja heidän rooliaan hoidossa ja huolenpidossa.

Kehitysvammaisten erityishuollosta annettu laki 1977 merkitsi suurta edistysaskelta kehitysvammaisten henkilöiden oikeuksissa ja palveluissa Suomessa. Se loi perustan nykyiselle kehitysvammaisten palvelujärjestelmälle ja paransi merkittävästi heidän asemaansa yhteiskunnassa.

Lain voimaantulon jälkeen kehitysvammaisten henkilöiden palvelut kehittyivät huomattavasti, ja heille tarjottavat palvelut monipuolistuivat ja nostivat niiden laatua. Laki myös edisti yleistä tietoisuutta kehitysvammaisten henkilöiden tarpeista ja oikeuksista, mikä johti asenteiden paranemiseen ja yhteiskunnan avoimuuden lisääntymiseen.

Laki kehitysvammaisten erityishuollosta on ollut pohjana myöhemmille lainsäädännöllisille ja rakenteellisille muutoksille. Myöhemmin kehitysvammaisten henkilöiden palveluita on kehitetty edelleen muun muassa vammaispalvelulain ja muiden sosiaali- ja terveyspalveluja koskevien lainsäädäntöjen kautta. Tavoitteena on ollut jatkuvasti parantaa kehitysvammaisten henkilöiden elämänlaatua ja osallisuutta yhteiskunnassa.

Terveyden ja hyvinvoinnin laitos

Vuonna 1991 Lääkintöhallitus lakkautettiin, ja sen tehtävät siirtyivät uuteen Sosiaali- ja terveyshallitukseen, joka myöhemmin yhdistettiin osaksi Terveydenhuollon oikeusturvakeskusta (TEO). Terveyden ja hyvinvoinnin laitos (THL) on Suomen sosiaali- ja terveysministeriön alainen tutkimus- ja kehittämisorganisaatio, joka perustettiin vuonna 2009. THL syntyi yhdistämällä Kansanterveyslaitos ja Stakes (Sosiaali- ja terveysalan tutkimus- ja kehittämiskeskus). Sen päätehtävänä on edistää suomalaisten terveyttä ja hyvinvointia sekä kehittää sosiaali- ja terveydenhuoltoa.

THL tutkii, seuraa ja arvioi suomalaisten terveyttä ja hyvinvointia. Se tarjoaa asiantuntijatietoa ja -palveluja päätöksentekijöille, terveydenhuollon ammattilaisille ja kansalaisille. THL myös koordinoi ja kehittää kansanterveyden ja sosiaaliturvan järjestelmiä.

Se suorittaa laajaa tutkimusta eri terveys- ja hyvinvointialoilla, kuten kansanterveys, tartuntataudit, ravitsemus, mielenterveys, sosiaalihuolto ja ympäristöterveys. Laitos tuottaa myös tilastoja ja julkaisuja, jotka auttavat päätöksenteossa ja toiminnan suunnittelussa.

THL osallistuu aktiivisesti kansainväliseen yhteistyöhön, toimii erilaisissa kansainvälisissä verkostoissa ja projekteissa, ja edistää terveys- ja hyvinvointitietojen vaihtoa kansainvälisesti. Se tarjoaa neuvontaa ja tukea terveydenhuollon toimijoille sekä kehittää ohjeita ja suosituksia terveydenhuollon ja sosiaalipalvelujen parantamiseksi. Sillä on tärkeä rooli tartuntatautien torjunnassa lain puitteissa ja valmiussuunnittelussa, mukaan lukien pandemioihin varautuminen ja niiden hallinta. (THL 2024.)

Tartuntatautilaki (1986/583) on Suomen laki, joka säätelee tartuntatautien ehkäisyä ja torjuntaa. Tämän lain tarkoituksena on suojella kansalaisten terveyttä ja estää tartuntatautien leviäminen. Tässä on keskeiset kohdat tartuntatautilaista. Laki velvoittaa terveydenhuollon ammattilaiset ilmoittamaan tietyistä tartuntataudeista viranomaisille. Tämä mahdollistaa tartuntatautien seurannan ja niihin reagoinnin ajoissa. Laissa määritellään erilaisia ehkäiseviä toimenpiteitä, kuten rokotusohjelmia, julkisia terveyskampanjoita ja hygieniavaatimuksia, joiden tarkoituksena on vähentää tartuntatautien esiintyvyyttä.

Laki määrittelee eri viranomaisten, kuten sosiaali- ja terveysministeriön, alueellisten terveysviranomaisten ja kuntien roolit ja vastuut tartuntatautien hallinnassa. Laissa annetaan oikeudellinen perusta karanteeni- ja eristämistoimenpiteille tartuntatautien leviämisen estämiseksi. Laki määrittelee olosuhteet, joissa tällaisia toimenpiteitä voidaan toteuttaa, ja henkilöiden oikeudet näissä tilanteissa.

Laki sisältää säännöksiä hätätilanteisiin varautumisesta, varmistaen, että suurempien tautiepidemioiden tai pandemioiden hallintaan on suunnitelmia ja resursseja. Laki korostaa kansainvälisen yhteistyön merkitystä tartuntatautien torjunnassa, tunnustaen, että taudit voivat helposti levitä maiden rajojen yli.

Tartuntatautilakia on muutettu useita kertoja vastaamaan uusien tartuntatautiuhkien haasteisiin ja sisällyttämään uutta tieteellistä tietoa sekä kansainvälisiä terveyssäännöksiä. Laki on keskeinen osa Suomen kansanterveyden suojelemista.

THL on keskeinen toimija Suomen terveydenhuoltojärjestelmässä, ja se vaikuttaa merkittävästi suomalaisten terveyteen ja hyvinvointiin.

Esimerkkejä 1900 -2020 organisaatioiden henkilöstöön ja esihenkilöihin kohdistuvista tutkimuksista

Erilaiset työkyky-, työhyvinvointitutkimukset ja työympäristön linjaukset sekä kartoitukset ovat tärkeitä osa-alueita, joilla pyritään varmistamaan henkilökunnan hyvinvointi ja työkyky. Kansalliset tai paikalliset kyselyt, esimerkiksi työolobarometrit, joissa kartoitetaan työntekijöiden kokemuksia työoloista, ovat Suomessa käytössä Työterveyslaitoksen tekeminä. Tutkimusten tavoitteina on selvittää työntekijöiden fyysinen ja psyykkinen hyvinvointi ja tunnistaa työympäristön parannusmahdollisuudet. Tutkimusten avulla voidaan arvioida työkykyyn vaikuttavia tekijöitä, kuten työkuormitusta ja työssä jaksamista.

Tutkimusmenetelminä voivat olla kyselytutkimukset, joiden avulla kerätään säännöllisesti tietoa työntekijöiden hyvinvoinnista ja työympäristön kokemuksista. Haastattelut ja fokusryhmät, jotka mahdollistavat syvällisempää tietoa työntekijöiden voinnista ovat hyviä tutkimusmenetelmiä. Tehdyt työterveystarkastukset, joita ovat työterveyshuollon suorittamat tarkastukset antavat tietoa työntekijöiden terveydentilasta.

Terveydenhuollon organisaatioilla on usein omat työhyvinvointistrategiansa, joissa määritellään työhyvinvoinnin edistämisen periaatteet ja toimenpiteet. Työympäristöä koskevat linjaukset kattavat muun muassa fyysiset työtilat, työergonomian, työajan joustavuuden ja psykologisen turvallisuuden. Tavoitteina ovat työntekijöiden kokonaisvaltaisen hyvinvoinnin edistäminen, sairauspoissaolojen vähentäminen ja työkyvyttömyyseläkkeelle siirtymistä. Kyselyt voivat parantaa työilmapiiriä ja henkilöstön sitoutumista.

Organisaatioissa yleisempiä mittareita ovat sairauspoissaolot, joiden avulla seurataan työntekijöiden sairauspoissaolojen määrää ja syitä, työtyytyväisyyskyselyt, joiden avulla mitataan työntekijöiden tyytyväisyyttä työolosuhteisiin ja johtamiseen ja henkilöstön vaihtuvuus-mittarit, joiden avulla analysoidaan henkilöstön vaihtu-vuutta ja sen syitä.

Säännölliset raportit toimivat useita seurantoina. Työhy-vinvointia ja työkykyä seurataan säännöllisesti laadittavien raporttien avulla. Säännöllinen yhteistyö työterveyshuol-lon kanssa auttaa seuraamaan työntekijöiden terveydenti-laa ja hyvinvointia. Ylimmän johdon katselmukset ja arvi-oinnit työhyvinvoinnin ja turvallisuuden tilasta välittävät ku-van henkilöstön työhyvinvoinnin tilanteesta.

Organisaatioiden on laadittava selkeät turvallisuuspolitiik-kalinjaukset, jotka määrittelevät turvallisuuden periaatteet ja tavoitteet, ovat tärkeitä. Turvallisuusjohtamisjärjestelmä kattaa riskien arvioinnin, onnettomuuksien ja vaaratilantei-den raportoinnin, turvallisuuskoulutuksen ja -ohjeistuksen. Säännölliset turvallisuuskoulutukset henkilöstölle ja vies-tintä turvallisuusasioista, kuten evakuointiohjeet ja hätäti-lanteiden toimintamallit toimivat linjauksina ja seurantoina. Riskienhallinnan avulla tunnistetaan ja arvioidaan työympäristön riskit, laaditaan toimenpidesuunnitelmat riskien hallitsemiseksi ja vähentämiseksi. (Suonsivu 2021.)

Esimerkkejä käytännön toimista:

1. Työhyvinvointiohjelmat: Eri kouluttajat voivat tarjota organisaatioille työhyvinvointiohjelmia, kuten liikunta- ja kulttuuripalveluja, sekä tukea henkiseen hyvinvointiin.
2. Ergonomiakartoitukset: Työtilojen ergonomiakartoitukset ja parannukset.
3. Joustavat työaikajärjestelyt: Mahdollisuus joustavaan työaikaan ja etätyöhön.

Organisaatiot pyrkivät monin eri tavoin edistämään henkilöstönsä työkykyä ja -hyvinvointia sekä varmistamaan turvallisen työympäristön. Nämä toimenpiteet ja käytännöt voivat vaihdella eri organisaatioissa, mutta perusperiaatteet ja tavoitteet ovat usein samankaltaisia.

Työstressiä ja -uupumusta on tutkittu monien vuosikymmenien ajan, jo 1970- luvulta alkaen. Karasek (1979) loi työn vaatimusten ja hallinnan mallin, jossa painopiste käännettiin tasapainon saavuttamisen sijasta aktiivisempaan suuntaan: työn vaatimukset synnyttävät positiivista tai negatiivista painetta, mikä joko antaa yksilölle oppimisen mahdollisuuksia ja vireyttä tai sitten pahimmillaan passivoi ja sairastuttaa. Mallissa työn psykologisten vaatimusten ja työssä päättämisen mahdollisuuksien perusteella syntyi aktiivinen, työhyvinvointia lisäävä, tai passiivinen, voimavaroja kuluttava työ.

Maslach ja Leiter (1997) ovat työuupumustutkimuksen uranuurtajia. He ovat esittäneet, että työhyvinvointi (work engagement) on työuupumusoireiden (uupumusasteinen väsymys, kyynisyys ja heikentynyt ammatillinen itsetunto) puuttumista: energisyyttä, sitoutumista, ammatillista itsetuntoa ja pystyvyyttä.

Työyhteisötasolla merkkejä haitallisesta työperäisestä stressistä voivat olla muun muassa korkeat poissaololuvut, työntekijöiden suuri vaihtuvuus, henkilöstöristiriidat sekä työntekijöiden antamat palautteet liiallista kuormittavuutta aiheuttavista tilanteista.

Työuupumuksesta käytetään kirjallisuudessa ja arkikielessä useita samaa tarkoittavia ilmauksia, kuten jaksamisongelmat työssä tai työhön liittyvä uupuminen. Puhutaan ilmiöistä, jotka haittaavat työn suorittamista ja johtavat tuloksen heikkenemiseen. Sen lisäksi sanat kertovat työtä tekevän yksilön inhimillisestä kärsimyksestä. Tilapäinen työstressi on varsin tavanomaista eikä se ole vaaraksi terveydelle. Mikäli työstressi muodostuu hyvin pitkäaikaiseksi, se saattaa johtaa työuupumukseen, ellei tilannetta pystytä yhteistoiminnassa muuttamaan tai voimavaroja lisäämään.

Uupumukseen voi altistaa geneettisuus. Monilla siihen liittyy tulehdustila, johon liittyvät somaattiset kivut. Uupumuksen voi huomata esimerkiksi unohtelemisesta, jaksamattomuudesta, tekemisten tai asioiden aloittamisen vaikeuksista ja loppuunsaattamisen vähenemisestä. Ihmissuhteet eivät kiinnosta, haluttomuus koskee vanhoja ystäviä tai uusiin ihmisiin tutustumista. Elämässä ei kiinnosta mikään eikä uupunut koe iloa. Elämän tututkin asiat tuntuvat vastahankaiselta. Unen saanti voi olla vaikeaa tai ihminen haluaisi nukkua koko ajan. Uni voi olla kevyttä ja katkeilevaa, eikä virkistä. Uupumusta voi ihminen kokea sekä työelämästä tai yksityiselämästä tai molemmista johtuen. Koko elämäntilanne voi uuvuttaa. Jos ihmisen yksityiselämässä on vaikeita ongelmia, sen aiheuttama uupuminen vaikuttaa työhön ja päinvastoin. Työssä opittu ammatillisuus ja rooli auttavat ja suojaavat jonkun verran. Ammattirooli sisältää sekä oikeuksia että velvollisuuksia. Uupumus koettelee ammatillisuutta ja toisinaan voi heikentää sitä. Kuitenkin ammatillisessa roolissa on vahva suojaava elementti. Monista oireista huolimatta päällepäin ei aina uupumusta tunnisteta. Uupumuksen voi jonkin aikaa piilottaa läheisiltään tai esimerkiksi työtovereiltaan. Virkeän roolin vetäminen vie kuitenkin paljon energiaa uupumuksen lisäksi.

Uupumus on laajentunut käsittämään monia eri ikäisiä kansalaisia, muun muassa lapsia ja nuoria, lapsiperheitä, eroavia ja uusperheen jäseniä, nuoria aikuisia, opiskelijoita, työssä kävijöitä, työttömiä, fyysisesti tai henkisesti sairastuneita, eläkkeelle jääviä tai jääneitä ikäihmisiä.

Maslachin ja Leiterin työuupumustutkimus vuodelta 1997 on keskeinen teos työuupumuksen eli burnoutin ymmärtämisessä ja tutkimisessa. Christina Maslach ja Michael P. Leiter ovat tunnettuja tutkijoita työuupumuksen alalla, ja heidän tutkimuksensa on vaikuttanut merkittävästi siihen, miten työuupumusta käsitellään sekä teoreettisesti että käytännöllisesti.

Maslach ja Leiter määrittelivät työuupumuksen kolmen ulottuvuuden kautta. Emotional Exhaustion viittaa voimakkaaseen henkiseen ja fyysiseen väsymykseen, joka johtuu työn vaatimuksista ja kuormittavuudesta. Depersonalization (Depersonalisaatio) tarkoittaa kyynistä ja etäistä suhtautumista työhön ja työtovereihin. Työntekijä voi alkaa kohdella asiakkaita tai kollegoita epäinhimillisesti. Kolmas ulottuvuus on Reduced Personal Accomplishment (Henkilökohtaisen saavutuksen tunteen heikkeneminen). Työntekijä kokee itsensä tehottomaksi ja kyvyttömäksi suoriutumaan työtehtävistään. (Suonsivu 2023.)

Maslach ja Leiter kehittivät Maslach Burnout Inventory (MBI) -kyselyn, joka on yksi käytetyimmistä työuupumuksen mittareista. MBI mittaa työuupumusta näiden kolmen ulottuvuuden kautta ja tarjoaa tieteellisesti validoidun menetelmän työuupumuksen arviointiin.

Maslach ja Leiter korostivat työympäristön merkitystä työuupumuksen kehittymisessä. He tunnistivat kuusi keskeistä työympäristöön liittyvää tekijää, jotka vaikuttavat työuupumuksen syntymiseen, joita voivat olla liiallinen työmäärä ja jatkuva kiire, vähäinen kontrolli omaan työhön liittyvissä päätöksissä, riittämätön palkitseminen, joka voi olla taloudellista tai tunnustuksen puutetta, heikot sosiaaliset suhteet työpaikalla ja tuen puute, epäoikeudenmukaisuuden kokemus työpaikalla, kuten suosiminen tai epäoikeudenmukaiset päätökset sekä työntekijän ja organisaation arvot epäyhtenevyys.

Maslachin ja Leiterin tutkimus korostaa interventioiden merkitystä työuupumuksen ehkäisemisessä ja vähentämisessä. Heidän mukaansa tehokkaat interventiot voivat kohdistua sekä yksilöön että organisaatioon. Interventioita voivat olla esimerkiksi työn uudelleen organisointi ja priorisointi, jotka auttavat vähentämään liiallista kuormitusta, antamalla työntekijöille enemmän kontrollia omaan työhönsä liittyvissä päätöksissä, tiimityön ja yhteisöllisyyden edistäminen sekä työpaikan ihmissuhteiden parantaminen, aineellisten ja aineettomien palkitsemismuotojen parantaminen voivat lisätä työn mielekkyyttä. Myös organisaatiokulttuurin kehittäminen siten, että se on oikeudenmukainen ja työntekijöiden arvojen mukainen on hyvä interventio. (Suonsivu 2021.)

Maslachin ja Leiterin työuupumustutkimus on vaikuttanut laajasti työpsykologian ja organisaatiotutkimuksen aloilla. Se on tarjonnut selkeät käsitteet ja mittarit työuupumuksen tutkimiseen ja arvioimiseen. Lisäksi heidän tutkimuksensa on ohjannut käytännön työuupumuksen ehkäisy- ja hallintastrategioita.

Heidän työnsä on myös innoittanut lukuisia jatkotutkimuksia, jotka ovat tutkineet työuupumuksen eri ulottuvuuksia, syitä ja seurauksia sekä kehittäneet uusia interventio- ja tukimalli työuupumuksen ehkäisemiseksi ja hallitsemiseksi.

"Työuupumuksen arviointi Burnout Assessment Tool (BAT) – menetelmällä"

Hakanen & Kaltiainen (2022) ovat tutkineet ja kirjoittaneet Työterveyslaitoksen julkaisemana "Työuupumuksen arviointi, Burnout Assessment Tool (BAT) – menetelmällä"op-paan. Käsikirja sisältää kolme BAT-kyselyä: "BAT-kysely koostuu 23 väittämästä, joista kahdeksan koskee kroonista väsymystä, viisi henkistä etääntymistä työstä, viisi kognitiivisen toiminnan häiriöitä ja viisi tunteiden hallinnan häiriöitä. Menetelmästä on kehitetty lyhyempi BAT-12, jossa on kolme väittämää kustakin työuupumuksen oireesta sekä vielä lyhyempi kysely BAT4, jossa on yksi väittämä jokaisesta työuupumuksen oireesta". (Hakanen & Kaltiainen 2022.)

Työuupumus on määritelty BAT-menetelmän kansainvälisen tutkimus- ja kehittämistyön tuloksena "työperäiseksi oireyhtymäksi, joka koostuu neljästä ydinoireesta, joita ovat krooninen väsymys, henkinen etääntyminen työstä (kyynisyys), kognitiivisen toiminnan häiriöt sekä tunteiden hallinnan häiriöt. Työuupumus määritellään kyvyttömyydeksi ja siitä johtuvaksi haluttomuudeksi panostaa työhön". (Hakanen & Kaltiainen 2022.)

Monimuotoinen nykyisyys - Sote-järjestelmän alkuvaiheista

Suomessa sosiaali- ja terveydenhuollon uudistus on ollut yksi suurimmista hallinnollisista uudistuksista, ja se astui voimaan vuoden 2023 alusta. Uudistuksessa on luotu uusi hallinnollinen rakenne vastaamaan palvelujen järjestämisestä. Järjestämisvastuu sosiaali- ja terveydenhuollon perus- ja erikoistason palveluista sekä pelastustoimen järjestämisestä siirtyi sote-uudistuksessa perustetulle 21 uudelle hyvinvointialueille 1.1.2023. Sen tulee turvata yhdenvertaiset ja laadukkaat sosiaali- ja terveydenhuollon sekä pelastustoimen palvelut hyvinvointialueella asuville. (Sosiaali- ja terveysministeriön tiedote 2023, www. soteuudistus.fi 2022.)

Uudistuksen tavoitteena luoda siis tasa-arvoisempi palvelujen saatavuus ja laatu, lisätä tehokkuutta sekä kaventaa ihmisten välisiä hyvinvointi- ja terveyseroja, turvata ammattitaitoisen työvoiman saanti, vastata ikääntymisen ja syntyvyyden laskun aiheuttamiin haasteisiin ja hillitä kustannusten kasvua. Palvelujen järjestämisessä tulee huolehtia riittävästä ja ammattitaitoisesta henkilöstöstä. Henkilöstön työhyvinvoinnista ja osaamisen kehittämisestä on pidettävä huolta.

Palvelujen tulee olla asiakaslähtöisiä, eli ne suunnitellaan ja toteutetaan asiakkaiden tarpeiden mukaan. Asiakkaiden osallisuutta ja vaikutusmahdollisuuksia palvelujen suunnittelussa ja kehittämisessä korostetaan.

Uudet hyvinvointialueet on perustettu uudistuksen toimeenpanosta ja sitä koskevan lainsäädännön voimaanpanosta annetulla lailla. Hyvinvointialueiden nimi muuttuu maakunnaksi, kun esimerkiksi maakuntien liittojen tehtävät siirtyvät niille. (Sosiaali- ja terveysministeriön tiedote 2023, www. soteuudistus.fi 2022.)

Lisäksi Helsingin kaupunki järjestää sosiaali- ja terveydenhuollon ja pelastustoimen tehtävät alueellaan. Perustettava HUS-yhtymä vastaa tiettyjen erikoissairaanhoidon tehtävien järjestämisestä Uudellamaalla.

Hyvinvointialueiden alue muodostuu Uuttamaata lukuun ottamatta maakuntajaon pohjalta. (Sosiaali- ja terveysministeriön tiedote 2023, www. soteuudistus.fi 2022.)

Hyvinvointialueilla toimintarakenteita ja -tapoja luodaan ihmislähtöisten palvelukokonaisuuksien aikaansaamiseksi. Tavoitteena on perus- ja erityistason palvelujen entistä parempi yhteen toimivuus, samoin kuin sosiaali- ja terveydenhuollon palvelujen ja pelastustoimen palvelujen saumattomuus. Hyvinvointialueen järjestämiä julkisia palveluja ovat esimerkiksi perusterveydenhuolto, erikoissairaanhoito, sosiaalihuolto, hammashoito, mielenterveys- ja päihdepalvelut, vammaispalvelut ja ikääntyneiden asumispalvelut. Hyvinvointialueille siirtyvät myös opiskeluhuollon kuraattori- ja psykologipalvelut. Nämä palvelut tulee järjestää lähipalveluina. (Sosiaali- ja terveysministeriön tiedote 2023, www. soteuudistus.fi 2022.)

Hyvinvointialueiden ja kuntien yhteistyössä painopiste on hyvinvoinnin ja terveyden edistämisessä, mikä vähentää tarvetta sosiaali- ja terveydenhuollon palveluihin. Kunnat vastaavat jatkossakin muun muassa päivähoidosta, opetuksesta, liikunnasta ja kulttuurista. (Sosiaali- ja terveysministeriön tiedote 2023, www. soteuudistus.fi 2022.)

Sosiaali- ja terveysministeriö vastaa sosiaali- ja terveydenhuollon toiminnan yleisestä ohjaamisesta, suunnittelusta ja kehittämisestä. Pelastustoimen yleinen johtaminen, ohjaus ja valvonta kuluvat sisäministeriölle. Valtiovarainministeriö seuraa hyvinvointialueiden toimintaa ja taloutta. (Sosiaali- ja terveysministeriön tiedote 2023, www. soteuudistus.fi 2022.)

Ohjauksen keskeisenä tavoitteena on, että ohjaus perustuu yhä enemmän ministeriön ja palveluiden järjestäjän väliseen luottamukseen ja jatkuvaan vuoropuheluun. Olennaisena osana vuoropuhelua on yhteinen tietopohja ja ymmärrys sote-palvelujen tilasta. (Sosiaali- ja terveysministeriön tiedote 2023, www. soteuudistus.fi 2022.)

Uudistus tarkoittaa, että sekä sosiaali- että terveydenhuollossa että perus- ja erikoistasolla järjestämisvastuu siirtyy yhdelle järjestäjälle. Palvelut kootaan saman päätöksenteon, yhden johdon ja yhden budjetin alaisuuteen. (Sosiaali- ja terveysministeriön tiedote 2023), (www. soteuudistus.fi 2022).

Hyvinvointialueista uudistuksen voimaantullessa säädetään uudistuksen voimaanpanolaissa, joka on Sosiaali- ja terveydenhuollon järjestämisestä annettu laki, virallisesti Laki sosiaali- ja terveydenhuollon järjestämisestä (612/2021), astui voimaan Suomessa 1. heinäkuuta 2021. Tämän lain tavoitteena on uudistaa ja selkeyttää sosiaali- ja terveydenhuollon järjestämistä sekä vahvistaa yhdenvertaisten ja laadukkaiden palvelujen saatavuutta koko maassa.

Kunnat järjestävät perusterveydenhuollon palvelut, jotka sisältävät muun muassa terveysneuvonnan, terveystarkastukset, äitiys- ja lastenneuvolapalvelut, koulu- ja opiskeluterveydenhuollon sekä työterveyshuollon. Sairaanhoitopiirit vastaavat erikoissairaanhoidon järjestämisestä. Erikoissairaanhoitoon pääsy edellyttää yleensä perusterveydenhuollon lähetettä. Terveydenhuoltolaki korostaa perusterveydenhuollon ja erikoissairaanhoidon yhteistyötä ja sujuvaa potilaslähtöistä hoitoketjua. (https://stm.fi/soteuudistus.)

Kunnat ja sairaanhoitopiirit ovat velvollisia huolehtimaan terveydenhuollon henkilöstönsä jatkuvasta koulutuksesta. Laki edistää myös yhteistyötä yliopistojen ja tutkimuslaitosten kanssa terveydenhuollon tutkimuksen ja koulutuksen parantamiseksi. Valtion rooli palvelujen ohjauksessa ja valvonnassa vahvistuu. Hyvinvointialueiden toiminnan tulee olla läpinäkyvää ja vastuullista.

Hyvinvointialueiden tehtävänä on edistää väestön hyvinvointia ja terveyttä. Painopisteenä on ennaltaehkäisevä toiminta ja terveyserojen kaventaminen.

Laki sosiaali- ja terveydenhuollon järjestämisestä 2021 pyrkii luomaan entistä yhtenäisemmän, tehokkaamman ja asiakaslähtöisemmän sosiaali- ja terveydenhuoltojärjestelmän Suomessa. Ajatuksena on, että uudistaminen on asiakaslähtöinen palvelukokonaisuus, joka toteutuu toimintarakenteita ja -tapoja luomalla. Tavoitteena on perus- ja erityistason palvelujen entistä parempi yhteen toimivuus, samoin kuin sosiaali- ja terveydenhuollon palvelujen ja pelastustoimen palvelujen saumattomuus. Lain avulla pyritään turvaamaan palvelujen saatavuus ja laatu koko maassa, vahvistamaan ennaltaehkäisevää toimintaa ja varmistamaan, että palvelut vastaavat paremmin asiakkaiden tarpeisiin.

Vuonna 2014 säädettiin Sosiaalihuoltolaki (1301/2014). Sosiaalihuoltolakia on uudistettu sen voimaan tulon jälkeen useiden erillisten lainsäädäntöhankkeiden yhteydessä. Viime vuosina merkittävimpiä tällaisia osa uudistuksia ovat olleet esimerkiksi iäkkäiden henkilöiden palveluja koskeva uudistus sekä mielenterveys- ja päihdepalvelujen uudistaminen, joihin liittyvät säännösmuutokset tulivat pääsääntöisesti voimaan 1.1.2023 sekä vuoden 2024 alusta voimaan tullut uusi valvontalaki, jonka myötä sosiaalihuoltolaissa olevat valvontapykälät kumoutuivat. Lisäksi sosiaalihuoltolakiin tehtiin useita teknisiä muutoksia sosiaali- ja terveydenhuollon palvelu rakenneuudistuksen yhteydessä vuonna 2022. Muita yksityiskohtaiseen sääntelyyn liittyviä hankkeita viime vuosina ovat olleet esimerkiksi ihmiskaupan uhrien auttamisjärjestelmään liittyvä lainsäädäntöhanke tai sosiaalihuollon koulutuskorvauksiin tai tutkimusrahoitukseen liittyvät uudistukset. Eri hallituksen esityksiin liittyvät tausta- aineistot löytyvät tarvittaessa kunkin pykälän muutostietojen kautta. Yhä edelleen voimassa on myös yksittäisiä säännöksiä niin sanotusta vanhasta, eli vuoden 1982, pääosin kumotusta sosiaalihuoltolaista (710/1982). Tällaisia säännöksiä ovat muun muassa mainitun lain 41 §, joka koskee oikeutta päästä asiakkaan asuntoon sekä vammaisten henkilöiden työllistymistä tukevaa toimintaa ja työ toimintaa koskevat 27 d ja 27 e §. Myös niihin liittyviä säädöshankkeita on hallitus ohjelman mukaan tarkoitus toteuttaa tulevien vuosien aikana. Pääministeri Petteri Orpon hallitusohjelman yhdeksi tavoitteeksi on kirjattu sosiaali- huoltolain uudistaminen hallituskauden aikana. Kyseistä lakia on päivitetty ja tehty muutoksia useaan otteeseen. (Sosiaali- ja sosiaaliministeriö 2024:13.)

(8.7.2022/589) Laki sosiaalihuoltolain muuttamisesta on eduskunnan päätöksen mukaisesti kumonnut sosiaalihuoltolain (1301/2014) 33 b–33 e §, sellaisina kuin ne ovat laissa 136/2021.

Tätä lakia sovelletaan hyvinvointialueen sosiaalihuoltoon, jollei tässä tai muussa laissa toisin säädetä.

Sosiaalihuoltoon sisältyvät sosiaalisen turvallisuuden ja hyvinvoinnin edistäminen sekä yleis- ja erityislainsäädännön mukaiset sosiaalihuollon tehtävät ja palvelut. Jos henkilöllä on muun lain nojalla oikeus sosiaalihuollon saamiseen, on sovellettava niitä säännöksiä, jotka parhaiten toteuttavat asiakkaan etua siten kuin 4 ja 5 §:ssä säädetään. (8.7.2022/589) 2 momentti on kumottu lailla 29.12.2022/1280. (Sosiaali- ja terveysministeriö 2022, 2024.)

Soten ongelmia ja taloudellisia haasteita

Soten alkutaipaleelle on tullut paljon ongelmia maailmanlaajuisista ja Suomen yhteiskunnallisista kriiseistä johtuen. Vuoden 2023 alusta alkanut Sote-uudistus nielee valtavasti rahaa. (https://stm.fi/soteuudistus.) Rahoitus sosiaali- ja terveyspalveluille tulee valtiolta, ja se perustuu hyvinvointialueiden tarpeisiin. Rahoitusjärjestelmässä huomioidaan alueelliset erot ja erityistarpeet. Tällaisena geopoliittisena kriisiytymisen ajanjaksona, kallistuvana ja inflaatio nousevana aikakautena on vaikeata katsoa tulevaisuuteen ja uskoa Soten tavoitteiden onnistumista kaikkien tavoitteiden osalta.

Geopoliittiset ja taloudelliset kriisit vaikuttavat yhteiskuntaamme monin tavoin, ja niiden vaikutukset voivat ulottua laajalti eri sektoreille, mukaan lukien terveydenhuolto, talous, sosiaalinen järjestys ja poliittinen vakaus. Yleisesti geopoliittinen kriisi viittaa tilanteisiin, joissa kansainväliset suhteet ja valtasuhteet muuttuvat nopeasti ja ennalta arvaamattomasti, mikä voi johtua esimerkiksi sodista, vallankumouksista, poliittisista levottomuuksista tai suurista valtapoliittisista muutoksista.

Kriisitilanteet voivat johtua siis sodankäynneistä tai sotilaalliset toimista valtioiden tai ryhmittymien välillä, hallitusten kaatumisista tai kapinoista. Kansainväliset kriisit, jotka johtavat diplomatian epäonnistumiseen ja mahdollisesti pakotteisiin tai kauppasaartoihin sekä kiistat maiden rajojen tai aluevaatimusten suhteen voivat laajeta geopoliittisiksi kriiseiksi.

Sotilaalliset konfliktit ja poliittinen epävakaus voivat johtaa taloudelliseen epävarmuuteen, markkinoiden laskuun ja investointien vähenemiseen. Sodat ja levottomuudet voivat aiheuttaa suuria pakolaisvirtoja, mikä lisää painetta naapurimaiden ja kansainvälisen yhteisön resursseille.

Konfliktit voivat aiheuttaa vakavia kansanterveysongelmia, kuten tautien leviämistä, aliravitsemusta ja terveydenhuoltopalvelujen romahtamista. Sodan aikana infrastruktuuri, kuten tiet, sillat, sähköverkot ja vesihuolto, voivat tuhoutua, mikä vaikeuttaa yhteiskunnan toimintaa. Taloudellinen kriisi viittaa tilanteisiin, joissa taloudellinen järjestelmä kokee merkittäviä häiriöitä, kuten lamakausia, pankkikriisejä tai valuuttakriisejä. Taloudelliset kriisit voivat olla globaaleja, alueellisia tai kansallisia.

Tuotannon, työllisyyden ja kulutuksen voimakas väheneminen ovat usein seurauksia kriiseistä. Pankkien kaatumiset tai vakavat ongelmat pankkisektorilla, jotka johtavat luottolaman syntyyn, valuuttakurssien äkilliset ja voimakkaat vaihtelut, jotka voivat heikentää kansantalouksien vakautta voivat olla seurauksia laajentuneista kriisitilanteista. Tällaisia voivat olla myös yksityisen tai julkisen sektorin ylivelkaantuminen ja kyvyttömyys selviytyä velvoitteistaan.

Taloudelliset kriisit johtavat usein laajamittaiseen työttömyyteen, kun yritykset supistavat toimintaansa tai menevät konkurssiin. Kriisit voivat lisätä köyhyyttä ja taloudellista epätasa-arvoa.

Taloudelliset vaikeudet voivat johtaa sosiaalisiin levottomuuksiin, protesteihin ja rikollisuuden lisääntymiseen. Hallitukset voivat joutua leikkaamaan julkisia menoja, mikä vaikuttaa koulutukseen, terveydenhuoltoon ja sosiaalipalveluihin. Kriisit voivat heikentää kansalaisten luottamusta taloudellisiin instituutioihin ja poliittiseen järjestelmään.

Geopoliittiset ja taloudelliset kriisit ovat monitahoisia ja monimutkaisia ilmiöitä, joilla on laajoja ja syvällisiä vaikutuksia yhteiskuntiin. Niiden vaikutusten lieventäminen ja hallinta vaatii kansainvälistä yhteistyötä, kestävää talouspolitiikkaa ja vahvoja yhteiskunnallisia rakenteita. Kriisien aikana ja niiden jälkeen on tärkeää tukea haavoittuvimpia väestönosia ja varmistaa, että peruspalvelut ja turvaverkot pysyvät toiminnassa.

Suomessa 2019 alkanut Korona -pandemia aiheutti osaltaan monia kriisinomaisia seurauksia. Korona ja pitkäaikaiskorona aiheuttivat lähes kolmen vuoden ajan pelkoja, jopa kuoleman pelkoa. Koronapandemia aiheutti monia muutoksia ihmisten elämään. Opiskelijat ja osa työntekijöistä teki etätöitä kotona tai mökillä. Osalle etätyö soveltui hyvin, osa sairastui stressiin tai uupumukseen.

Koronaan liittyvät ongelmat ja ohjeistukset aiheuttivat pelkoja, ahdistuneisuutta tai uupumusta. Varsinkin nuorille oli sosiaalinen eristyneisyys vaikeata. Koronan seurauksena yritysten konkurssit, työttömyys, työvoiman vajaus, pätkätyöt ja nuorten syrjäytyminen, perhe-elämän roolien tuomat uudet vaatimukset, kuten vanhempien etätyöt, toimeentulovaikeudet sekä köyhyyden lisääntyminen aiheuttavat ongelmia ihmisille.

Samoin Ukrainan sota on vaikuttanut monin tavoin eri maiden kansalaisiin, mukaan lukien suomalaisiin. Vaikutukset suomalaisten terveyteen voivat olla sekä suoria että epäsuoria, ja ne ilmenevät eri tasoilla, kuten fyysisenä, psyykkisenä ja sosiaalisena pahoinvointina. Sodan läheisyys ja mahdollinen laajenemisen uhka voivat aiheuttaa suomalaisissa ahdistusta ja stressiä. Epävarmuus ja pelko turvallisuuden puolesta lisäävät henkistä kuormitusta.

Jatkuva uutisointi sodasta voi lisätä stressiä ja ahdistusta. Negatiiviset uutiset ja kuvat konfliktista voivat vaikuttaa erityisesti herkempiin ihmisiin, kuten lapsiin ja vanhuksiin. Suomeen tulevat ukrainalaiset pakolaiset voivat herättää huolta heidän hyvinvoinnistaan ja integroitumisestaan suomalaiseen yhteiskuntaan, mikä voi vaikuttaa paikallisiin yhteisöihin ja lisätä sosiaalista stressiä.

Ukrainalaisen pakolaisväestön lisääntyminen voi aiheuttaa paineita Suomen terveydenhuoltojärjestelmälle, erityisesti jos pakolaisilla on tarpeita, jotka vaativat erityistä hoitoa.

Suurempien väestöryhmien liikkuminen ja asuminen tiiviisti voivat lisätä riskiä tartuntatautien leviämiselle, mikä vaatii terveydenhuoltojärjestelmältä lisää varautumista ja resursseja. Sodan aiheuttama yhteiskunnallinen tilanne voi yhdistää yhteisöjä ja lisätä halukkuutta auttaa pakolaisia. Tämä voi vahvistaa yhteisöllisyyttä ja sosiaalista tukea, mikä puolestaan edistää henkistä hyvinvointia.

Toisaalta kasvava pakolaisväestö ja heidän tarpeensa voivat aiheuttaa sosiaalisia jännitteitä ja konflikteja, jos resurssit koetaan niukoiksi tai jos on ennakkoluuloja eri ryhmien välillä. Sotaan liittyvä taloudellinen epävarmuus ja mahdolliset kustannukset pakolaisten vastaanottamisessa voivat heijastua julkisten palvelujen, kuten terveydenhuollon, rahoitukseen.

Sodan vaikutukset globaaleihin markkinoihin, kuten energian hintoihin ja elintarvikkeiden saatavuuteen, voivat vaikuttaa suomalaisten elinkustannuksiin ja aiheuttaa taloudellista stressiä, joka puolestaan vaikuttaa terveyteen.

Terveydenhuoltojärjestelmää on saatettu joutua kehittämään ja parantamaan kriisivalmiuden näkökulmasta, mikä voi pitkällä aikavälillä parantaa palvelujen laatua ja saatavuutta.

Sodan aiheuttaman ahdistuksen ja stressin hallintaan on voitu lisätä psyykkistä tukea ja neuvontapalveluja, mikä auttaa lievittämään henkistä kuormitusta. Ukrainan sota vaikuttaa suomalaisten terveyteen monin eri tavoin, ja vaikutukset voivat olla sekä välittömiä että pitkäaikaisia. Psyykkinen kuormitus, terveydenhuollon resurssien paineet, sosiaalinen yhteisöllisyys ja jännitteet sekä taloudellinen epävarmuus ovat keskeisiä tekijöitä. Näiden vaikutusten hallinta ja lievittäminen vaatii tehokasta kriisinhallintaa, yhteisöllistä tukea ja terveydenhuoltojärjestelmän sopeutumista ja varautumista uusiin haasteisiin.

Suomalaisten hyvinvointiyhteiskunta on monien vuosien aikana rakennettu kansalaisina yhteistyössä toisiamme tukien. Mallimme periaatteet ja arvot toimivat kansalaisten hyvinvoinnin perustoina. Niitä ovat muun muassa ihmisten yhdenvertaisuus ja tasa-arvo, verorahoitteiset hyvinvointi- ja koulutuspalvelut, suuri sosiaalinen liikkuvuus ja aktiivinen kansalaisyhteiskunta. Ihmisten hyvinvointiin ja osallisuuteen ei ole investoitu vain siksi, että siihen on ollut varaa, vaan jotta vaurastuisimme kansakuntana. Nyt kuitenkin hyvinvointivaltiomme rahoituspohja on monien haasteiden edessä. Ikääntyminen ja matala syntyvyys johtavat huoltosuhteen heikkenemiseen. Väestökehitys yhdistettynä huono-osaisuuden kasautumiseen ja talouskasvun hidastumiseen edellyttää voimakasta panostusta ongelmien ehkäisyyn poikkihallinnollisin keinoin. (https://stm.fi/soteuudistus.)

Taloutta tullaan tiukentamaan, säästökeinoja mietitään ja julkistetaan aikanaan. Suomi on pahasti velkaantunut eikä enää haluttaisi ottaa lisää velkaa. Uutisissa usein mainitaan, että Suomen ikääntyneiden hoito ja huolto vaativat paljon taloudellisia kustannuksia, jotta sairaudet ja vanhushuollon palvelut tulee kunnialla hoidettua. Kun nykyiset kotihoito- ja palvelukotipalvelut ovat riittämättömiä, monet apua tarvitsevat vanhukset voivat erittäin huonosti. Työikäinen väki vähenee ja eläkkeellä olevien kansalaisten määrä lisääntyy. Seurauksena huoltosuhde ja talous heikkenee ja julkisten palveluiden tarjonta vaikeutuu. Vaikeassa asemassa tulevat olemaan väestöltään vähenevät kunnat. (https://stm.fi/soteuudistus.)

Työikäiset ovat yhä enemmän kuormittuneita. Hyvin monilla on itsetuhoajatuksia. Osa lapsista, opiskelijat ja nuoret voivat huonosti. Tällaisena vaikeana aikana perusturvallisuutemme järkkyy. Tasaisina aikoinakin on melkein kaikilla ihmisillä joitain pelkoja, joko pieniä tai suuria pelkotiloja. Nyt monet pelot liittyvät joko kansallisiin tai globaaleihin tekijöihin tai tapahtumiin.

Yritysten konkurssit, lomautukset ja työttömyys, seurauksena taloudelliset ongelmat, ovat lisääntyneet nopeasti. Kansalaisten kannalta on tärkeää, että ennen lomautusta tai irtisanomista käydään yhteistoimintalain mukainen yhteistoimintaneuvottelu- tiedotus- ja keskustelutilanne johdon ja työntekijän välillä.

Suomessa voimaan tullut uusi yhteistoimintalaki (2021) toi merkittäviä muutoksia yritysten ja henkilöstön väliseen yhteistyöhön. Laki korvasi aiemman yhteistoimintalain ja pyrkii parantamaan työntekijöiden vaikutusmahdollisuuksia ja yrityksen tiedonantovelvollisuuksia. Uusi laki asettaa säännöllisen vuoropuhelun yrityksen johdon ja henkilöstön välille. Tämä vuoropuhelu käsittää muun muassa yrityksen tilan, henkilöstön kehittämisen, työhyvinvoinnin ja työyhteisön kehittämisen.

Yrityksillä on entistä laajempi velvollisuus tiedottaa henkilöstölle yrityksen taloudellisesta tilanteesta, toimintasuunnitelmista ja muista olennaisista asioista. Henkilöstölle tulee myös antaa mahdollisuus tulla kuulluksi ennen merkittäviä päätöksiä.

Henkilöstön vaikutusmahdollisuuksia on pyritty paranta-
maan tarjoamalla enemmän tilaisuuksia osallistua päätök-
sentekoon ja antamalla mahdollisuus vaikuttaa työolosuh-
teisiin ja työsuhteen ehtoihin.

Perinteiset yhteistoimintaneuvottelut ovat säilyneet, mutta
niiden sisältöä ja käytäntöjä on tarkennettu ja päivitetty.
Neuvottelujen tavoitteena on edelleen käsitellä työntekijöi-
den asemaan vaikuttavia muutoksia, kuten irtisanomisia,
lomautuksia ja osa-aikaistamisia.

Laki korostaa työhyvinvoinnin edistämistä osana yrityksen
ja henkilöstön välistä vuoropuhelua. Työhyvinvoinnin ke-
hittäminen on keskeinen osa yrityksen strategiaa ja henki-
löstön kanssa käytävää vuoropuhelua.

Lain tavoitteena on luoda avoimempi ja vuorovaikuttei-
sempi toimintakulttuuri työpaikoilla, parantaa henkilöstön
tiedonsaantia ja vaikutusmahdollisuuksia sekä edistää
työhyvinvointia ja henkilöstön sitoutumista. Tämä on nähty
keinona lisätä työpaikkojen kilpailukykyä ja tuottavuutta
sekä parantaa työelämän laatua.

Laki koskee kaikkia vähintään 20 henkilöä työllistäviä yrityksiä. Tämä laajentaa soveltamisalan koskemaan myös pienempiä yrityksiä kuin aiempi laki, mikä tarkoittaa suurempaa määrää yrityksiä ja työntekijöitä lain vaikutuspiirissä.

Uusi yhteistoimintalaki on merkittävä askel kohti modernimpaa ja osallistavampaa työelämää Suomessa, ja sen käytännön vaikutukset näkyvät yritysten ja työntekijöiden arjessa jatkuvasti.

Myös sairauksien tai perheen hajoamisen pelot ovat ajankohtaisia, koska perhe-elämän roolien tuomat vaatimukset ovat laajentuneet. Kallistunut ja kapeutunut elämä vaikeuttaa toivoa hyvästä tulevaisuudesta. Kun esimerkiksi ruoka ja tärkeät elintarvikkeet ovat kallistuneet, niin seurauksena on, että Suomen pitää säästää ja samalla osan kansalaisten köyhyys lisääntyy kaiken kallistuessa. Myös korkojen nopea nousu ja inflaatio aiheuttivat voimakkaitakin pelkoja. Nykyisen hallituksen päätökset ovat aiheuttaneet osalle kansalaisia köyhyyden lisääntymistä. Tällöin luottamus yhteiskunnan päätöksentekijöihin on vähentynyt.

Tuottavuus- ja joustavuusajattelu on kasvattanut paineita työpaikoilla. Paineita luovat epävarmuus, määräaikaiset työsuhteet, työtahdin kiristyminen ja jatkuva muutos. Työtehtävät ja -ympäristöt ovat muuttuneet psyykkisesti ja kognitiivisesti aikaisempaa haastavammiksi ja yhä useamman työhön liittyy jatkuvaa informaation ylitarjontaa ja uuden tiedon prosessointivaatimuksia. Tulevaisuuden pelko on monilla kansalaisilla aktiivinen huoli arjessa. Terveyden menettämisen pelko on arkipäiväistynyt. Monet pelkäävät uusia pandemioita. Samanaikaisesti päihteiden käyttö ja väkivaltaisuus näyttävät lisääntyneen. Suurissa kaupungeissa ikäihmiset pelkäävät iltaisin kulkea kaduilla. Huumeiden, alkoholin ja lääkkeiden sekakäyttö on lisääntynyt.

Hoitotakuu on (Laki potilaan asemasta ja oikeuksista 17.8.1992/785) ylittynyt monin paikoin ja nuorten mielenterveysongelmaisten jonot ovat jopa 10 kuukautta, joissain kunnissa enemmänkin. Nuorten mielenterveyspalveluissa on tällä hetkellä kohtuuttomat jonot. Tilanne paheni korona-aikana. Alla oleva laki sisältää myös kuntien tehtävät mielenterveyden edistämiseen ja ehkäisevään päihdetyöhön. Ongelmina on psykiatri ja hoitohenkilöstö-pula sekä osastohoidon paikkojen vähäisyys. Uhkia ja pel-koja aiheuttava lasten ja nuorten mielenterveyshäiriöiden kasvu on yllättänyt päättäjät.

Mielenterveyslaki (1116/1990) uudistettiin (29.12.2022/1281). Mielenterveyden edistäminen ja eh-käisevä päihdetyölaki annettiin (612/ 2021) sekä sosiaali-ja terveydenhuollon sekä pelastustoimen järjestämisestä Uudellamaalla säädettiin laki (615/2021 hyvinvointialueen, Helsingin kaupungin ja HUS-yhtymän järjestämisvastuu-seen kuuluvan terveydenhuollon toteuttamiseen ja sisäl-töön. Terveydenhuoltoon sisältyvät terveyden ja hyvinvoin-nin edistäminen, perusterveydenhuolto ja erikoissairaan-hoito. Mielenterveys- ja päihdelainsäädäntö uudistui 1.1.2023. Mielenterveyden hoidosta, päihde- ja riippu-vuushoidosta sekä sosiaalihuollon mielenterveys- ja päihdetyöstä säädetään nyt ensisijaisesti terveyden-huoltolaissa ja sosiaalihuoltolaissa.

Terveydenhoitolautakuntien rooli 2020-luvulla Soten aikana

2020-luvulla terveydenhoitolautakunnat Suomessa ovat osana kuntien ja hyvinvointialueiden terveydenhuoltojärjestelmää. Niiden rooli ja toiminta ovat kehittyneet ja laajentuneet vastaamaan nykypäivän tarpeita. Erityisesti sosiaali- ja terveydenhuollon uudistus (sote-uudistus) on vaikuttanut merkittävästi terveydenhoitolautakuntien toimintaan ja rakenteeseen.

2020-luvulla terveydenhoitolautakuntien rooli on yhdistynyt osaksi laajempia hyvinvointialueita, jotka vastaavat sosiaali- ja terveydenhuollon järjestämisestä.

Lautakunnat vastaavat perusterveydenhuollon, erikoissairaanhoidon ja sosiaalipalvelujen järjestämisestä ja valvonnasta. Tämä kattaa esimerkiksi terveyskeskukset, sairaalat ja muut terveydenhuollon palvelut.

Lautakunnat tekevät työtä palvelujen saatavuuden ja laadun parantamiseksi, pyrkien varmistamaan, että kaikilla asukkailla on pääsy tarvittaviin palveluihin. Lautakunnat pyrkivät kaventamaan terveys- ja hyvinvointieroja eri väestöryhmien välillä. Lautakunnat panostavat ennaltaehkäisevään terveydenhuoltoon, kuten rokotuksiin, terveystarkastuksiin ja terveysvalistukseen.

COVID-19-pandemia korosti tarvetta tehokkaalle kriisinhallinnalle ja pandemian torjunnalle. Terveydenhoitolautakunnat ovat aktiivisesti mukana pandemianhallinnassa ja muiden terveysuhkien torjumisessa.

Terveydenhoitolautakunnat kohtaavat useita haasteita 2020-luvulla. Ikääntyvä väestö lisää terveydenhuollon palvelujen tarvetta. Kuntien ja hyvinvointialueiden taloudelliset resurssit ovat rajalliset, ja tehokkuuden parantaminen on keskeinen tavoite. Digitalisaatio ja uudet teknologiat tarjoavat mahdollisuuksia parantaa palvelujen saatavuutta ja laatua, mutta niiden käyttöönotto vaatii investointeja ja osaamista.

2020-luvulla terveydenhoitolautakunnat toimivat osana laajempia hyvinvointialueita ja niiden rooli on kehittynyt kattamaan laajemman kirjon tehtäviä ja vastuita. Sote-uudistuksen myötä niiden toiminta on entistä integroidumpaa ja keskittyy palvelujen saatavuuden, laadun ja tehokkuuden parantamiseen sekä terveys- ja hyvinvointierojen kaventamiseen. Haasteista huolimatta terveydenhoitolautakunnat ovat keskeinen osa Suomen terveydenhuoltojärjestelmää ja kansanterveyden kehitystä

TYÖ2030 – Työn ja työhyvinvoinnin kehittämisohjelma

Työtoiminnan ja työhyvinvoinnin parantamiseksi on kehitelty Sanna Marinin hallitusohjelmassa TYÖ2030- ohjelma, joka on tähdännyt toimintatapojen uudistamiseen, teknologian tehokkaaseen hyödyntämiseen työpaikoilla sekä työelämäinnovaatioiden luomiseen (STM 2020).

TYÖ2030 – Työn ja työhyvinvoinnin kehittämisohjelman toteutus ja toimenpiteet ovat konkretisoituneet kolmeen painopisteeseen: tulevaisuuden ennakointiin ja tutkimustoimintaan, osaamisen ja uudistumiskyvyn vahvistamiseen sekä toimintatapojen uudistamiseen.

TYÖ2030-ohjelman tavoitteeksi on asetettu, että vuoteen 2030 mennessä Suomi on johtava työelämäinnovaatioiden kehittäjä ja että Suomessa on maailman paras työhyvinvointi.

TYÖ2030-ohjelma on mahdollistanut työllisyyttä vauhdittavien ja työelämän laatua parantavien toimintamallien sekä konseptien yhteiskehittämisen toimialoilla ja työpaikoilla. Mallien ja konseptien jatkaessa leviämistään ohjelman toimenpiteet vaikuttavat pitkällä aikavälillä työllisyyteen, talouteen, työhyvinvointiin ja työurien jatkumiseen. Hyvä työelämä ja johtaminen kehittävät samanaikaisesti tuottavuutta ja työhyvinvointia. Näillä on vaikutusta myös yritysten kilpailukykyyn.

Sosiaali- ja terveysministeriön toteuttamien työelämäohjelmien kokonaisuus on koostunut TYÖ2030-ohjelmasta ja siihen liittyneestä Työn, terveyden ja työkyvyn tutkimus- ja kehittämisohjelmasta, Työelämän mielenterveysohjelmasta sekä Työkykyohjelman STM:n toimenpiteistä (STM 2020).

TYÖ2030-ohjelma on mahdollistanut työllisyyttä vauhdittavien ja työelämän laatua parantavien toimintamallien sekä konseptien yhteiskehittämisen toimialoilla ja työpaikoilla. Mallien ja konseptien jatkaessa leviämistään ohjelman toimenpiteet vaikuttavat pitkällä aikavälillä työllisyyteen, talouteen, työhyvinvointiin ja työurien jatkumiseen. Hyvä työelämä ja johtaminen kehittävät samanaikaisesti tuottavuutta ja työhyvinvointia. Näillä on vaikutusta myös yritysten kilpailukykyyn.

Sosiaali- ja terveysministeriön toteuttamien työelämäohjelmien kokonaisuus on koostunut TYÖ2030-ohjelmasta ja siihen liittyneestä Työn, terveyden ja työkyvyn tutkimus- ja kehittämisohjelmasta, Työelämän mielenterveysohjelmasta sekä Työkykyohjelman STM:n toimenpiteistä (STM 2020).

Soten ongelmana on terveydenhuollon nykyinen henkilöstöpula

Suomen terveydenhuollossa vallitseva henkilöstöpula on merkittävä haaste, joka vaikuttaa monin tavoin terveyspalvelujen laatuun ja saatavuuteen. Tämä ongelma on monisyinen ja johtuu useista tekijöistä. Käsittelen seuraavassa terveydenhuollon henkilöstöpulan syitä, vaikutuksia ja mahdollisia ratkaisuja.

Henkilöstöpulan syyt ovat ikääntyvä väestö ja lisääntynyt hoidon tarve. Väestön ikääntyessä terveyspalveluiden tarve kasvaa, mikä lisää painetta terveydenhuollon resursseille. Monet terveydenhuollon ammattilaiset ovat itse ikääntymässä ja siirtymässä eläkkeelle, mikä vähentää työvoimaa. Terveydenhuollon ammattilaisten koulutuspaikkojen määrä ei ole riittävä vastaamaan kasvavaan tarpeeseen.

Terveydenhuollon koulutukset ovat pitkiä, mikä tarkoittaa, että uusien ammattilaisten saaminen työmarkkinoille vie aikaa. Työn fyysinen ja henkinen kuormittavuus voi johtaa työuupumukseen ja alanvaihtoihin. Monien terveydenhuollon ammattilaisten palkkausta pidetään riittämättömänä suhteessa työn vaativuuteen ja vastuuseen. Epätasa-arvo on osittain alueellista. Henkilöstöpula on erityisen akuutti maaseudulla ja harvaan asutuilla alueilla, kun taas suurimmissa kaupungeissa tilanne voi olla parempi.

Ukrainan sota ja COVID-19-pandemia ovat aiheuttaneet kuormitusta. Näiden kriisien aiheuttama ylimääräinen kuormitus terveydenhuoltojärjestelmälle on pahentanut henkilöstöpulaa ja lisännyt työntekijöiden stressiä ja uupumusta. Henkilöstöpula johtaa pidempiin odotusaikoihin ja viivästyksiin hoidon saamisessa, mikä voi pahentaa potilaiden terveydentilaa. Jäljellä olevat työntekijät joutuvat kantamaan lisääntynyttä työtaakkaa, mikä lisää riskiä työuupumukseen ja sairauspoissaoloihin.

Henkilöstöpula voi heikentää hoidon laatua ja potilasturvallisuutta, kun resurssit ovat niukat ja kiire painaa päälle. Vuorovaikutus potilaan kanssa on vähentynyt. Kiireinen työtahti vähentää aikaa, jonka hoitohenkilökunta voi käyttää potilaille, mikä voi vaikuttaa hoitosuhteen laatuun ja potilaiden tyytyväisyyteen.

Lisäämällä terveydenhuollon ammattilaisten koulutuspaikkoja ja kehittämällä koulutusohjelmia voidaan vastata kasvavaan työvoiman tarpeeseen. Työolojen parantaminen, palkkauksen korjaaminen voi lisätä terveydenhuollon kiinnostavuutta. Palkkojen nostaminen ja palkitsemisjärjestelmien kehittäminen voivat houkutella alalle enemmän ammattilaisia ja vähentää vaihtuvuutta.

Työolojen parantaminen, kuten työaikajousto ja työhyvinvointiohjelmat, voivat vähentää uupumusta ja parantaa työntekijöiden sitoutumista. Tehostettu rekrytointi ja kansainvälinen työvoima voisi tulla auttamaan. Rekrytoimalla ulkomaisia terveydenhuollon ammattilaisia ulkomailta voidaan nopeasti täyttää aukkoja henkilöstössä. Ulkomailla saadun terveydenhuollon koulutuksen ja pätevyyksien tunnustaminen Suomessa voisi helpottaa ulkomaalaisten ammattilaisten pääsyä työmarkkinoille.

Sähköisten terveyspalveluiden ja etähoidon lisääminen voi vähentää terveydenhuollon henkilöstön kuormitusta ja parantaa palvelujen saatavuutta. Hallinnollisten ja toistuvien tehtävien automatisointi voi vapauttaa henkilöstön aikaa potilaiden hoitoon.

Alueellisen epätasa-arvon vähentäminen olisi eräs keino henkilöstön lisäämiseksi. Tarjoamalla taloudellisia kannustimia ja muita etuja maaseudulla työskentelyyn voidaan houkutella terveydenhuollon ammattilaisia alueille, joilla henkilöstöpula on suurin.

Suomen terveydenhuollon henkilöstöpula on monimutkainen ja laaja-alainen ongelma, joka vaatii monipuolisia ja pitkäjänteisiä ratkaisuja. Tarvitaan strategisia toimenpiteitä, kuten koulutuspaikkojen lisäämistä, työolojen parantamista, kansainvälisen työvoiman hyödyntämistä sekä teknologian ja digitalisaation käyttöönottoa. Näiden toimenpiteiden avulla voidaan pyrkiä varmistamaan, että Suomen terveydenhuoltojärjestelmä pystyy vastaamaan nykyisiin ja tuleviin haasteisiin ja tarjoamaan laadukasta hoitoa kaikille kansalaisille.

.

Lopuksi Suomen Sosiaali- ja terveydenhuollon kehityksen lyhyt historiallinen katsaus tiivistettynä

1800 -luvun huutolaisajasta nykypäivään on koettu valtaisasti erilaisia ongelmia, taantumia, kehitystä ja kansakuntana selviytymisiä.

Suomen sosiaali- ja terveydenhuollon kehitys on ollut pitkä ja monivaiheinen prosessi, jossa on pyritty parantamaan väestön terveyttä ja hyvinvointia sekä tarjoamaan yhdenvertaisia palveluja kaikille kansalaisille. Olen koonnut lyhyen katsauksen kehityksen merkittäviin vaiheisiin:

1800-luvun puolivälissä perustettiin Köyhäinhoitolaitokset ja sairaalat aluksi paikallisina hankkeina, usein kirkon tai yksityisten hyväntekeväisyysjärjestöjen toimesta. Ensimmäiset kunnalliset terveyspalvelut alkoivat kehittyä, kun kuntia alettiin perustaa ja niille annettiin vastuu köyhien ja sairaiden hoidosta.

Lääkärien koulutus Helsingin Aleksanterin yliopistossa 1828–1918, lääkäriksi valmistuvia oli Helsingin yliopiston alkuaikoina varsin vähän, vain 2–3 vuodessa. Piirilääkärien keskeisenä tehtävänä oli terveydenhoidon yleinen valvonta, johon sisältyi lääkäreiden, sairaaloiden, apteekkien, rokotustoiminnan, mielisairaiden hoidon ja kätilötoiminnan valvonta.

Viimeinen piirilääkärin virka perustettiin 1883, jolloin kunnanlääkärijärjestelmä oli jo käynnistymässä. Lääkärinavun saaminen oli vaikeaa. Hoitotoimenpiteitä suorittivat parturit, välskärit, lukkarit, sotilaslääkärit ja kätilöt. Sairaaloita oli vähän. Hygienia oli huonoa ja ravitsemus puutteellista. Tartuntataudit olivat yleisiä (tuberkuloosi) ja lapsikuolleisuus oli suuri. Väestö asui hajanaisesti maaseudulla ja kaupungistuminen alkoi hiljalleen.

Terveydenhuolto 1900-luvulla Suomessa

1900-luvun alussa alkoi rakenteiden luominen. Köyhäinhoitolaki (1922) sääti kunnille velvollisuuden järjestää terveydenhuoltopalveluita ja sosiaalihuoltoa.

Terveydenhuollon kehitystä hidastivat I ja II maailmansota sekä pula-aika. Lääkäreiden lukumäärä lisääntyi. Ensimmäiset kunnalliset lääkärinvirat perustettiin, mikä oli merkittävä askel kohti julkisesti rahoitettua terveydenhuoltoa.

Perustettiin keskussairaaloita, jossa useimmat lääketieteen alat ovat edustettuina. Laki terveyssisarista, kätilöistä, sekä äitiys- ja lasten neuvoloista tuli voimaan. Kunnallisten terveyssisarten määrä lähti kasvuun 1940 luvulla. Äitiys- ja lastenneuvolajärjestelmän perustaminen (1920-luvun loppu ja 1930-luvun alku) auttoi merkittävästi parantamaan lapsi- ja äitikuolleisuutta. Lapsikuolleisuus pieneni. (Suomen malli. Sosiaali- ja terveydenhuolto viidelle sote-alueelle. Sosiaali- ja terveysministeriö. https://www.pori.fi/material/attachments/viestinta/E6OWlQAMb/Maija_Kytta_Pori_20_5_201 4.pdf.)

1910-luvulla vaivaishoito muuttui valtion toiminnaksi. Raittiustyö, kurjuuden poistaminen, työntekijäin suojelu ja mielisairaanhoito kehittyivät. Vuonna 1917 itsenäinen Sosiaalitoimituskunta perustetaan sosiaaliasioiden esittelyä varten. Vuonna 1918 Keskusvirastoksi perustetaan sosiaalihallitus. Vuonna 1918 Sosiaalitoimituskunta muuttuu sosiaaliministeriöksi. Vuonna 1918 Suomeen tuli kahdeksan tunnin työpäivä, vuonna 1919 Kieltolaki astui voimaan.

1920-luku oli köyhien ja työväen asialla, lastensuojelua parannettiin, kunnalliskodit perustettiin, samoin Lääkintöhallitus. Houruinhoito oli vielä mielisairaiden hoidon nimikkeenä. Vuonna 1922 sosiaalihallinto keskitetään sosiaaliministeriöön, samana vuonna Kieltolaki kiristyy ja Köyhäinhoitolaki astui voimaan.

1930-luvulla sosiaalivakuutusjärjestelmää uudistettiin ja kansaneläke sai alkunsa. Suomeen tuli pula-aika, kulkumiesten ja kerjäläisten määrä lisääntyi.

Sosiaalityötä kehitettiin, vuonna 1936 säädettiin Lastensuojelulaki ja Alkoholistilaki sekä Irtolaislaki. Kansaneläkelaitos (KELA) perustettiin vuonna 1937, mikä merkitsi sosiaaliturvajärjestelmän alkua.

1940-1970-luvut olivat hyvinvointivaltion rakentamisen aikaa. 1940-luvulla alkoi toisen maailmansodan jälkeiset laajat jälleenrakennusohjelmat, joihin kuului terveydenhuollon kehittäminen. Kansanterveyslain (1944) myötä kunnille annettiin laajempi vastuu terveyspalveluiden järjestämisestä.

1940-luku oli sota-ajan jälkeistä jälleenrakentamisen aikaa. Neuvolat ja vuonna 1948 lapsilisät otettiin käyttöön ja äitiyspakkaukset aloitettiin. Vuonna 1949 Äitiysavustuslaki säädettiin. Kunnallinen sosiaalihuolto, invalidihuolto ja sairaalalaitos aloitettiin. Sotakorvaukset, sotainvalidien hoito ja vuonna 1948 Sotilasvammalaki ja Tuberkuloosilaki säädettiin. Sotien jälkeiset suuret ikäluokat syntyivät Suomeen.

1950-luku oli hyvinvointivaltion rakentamisen alkaa. Mielisairaslaki säädettiin. Kunnanlääkärit aloittivat toimintansa. Vuonna 1956 uudistettiin kansaneläkejärjestelmä ja tasaeläkejärjestelmä. Vuonna 1957 Huoltoapulaki asetettiin. Raittiuskilpakirjoitukset aloitettiin.

1960-luvulla hyvinvointivaltio vakiintui. Työeläkejärjestelmä ja hammashuolto tulivat voimaan. Laki kunnallisista yleissairaaloista asetettiin. Sosiaali- & terveydenhuolto ja Sosiaalihallitus nimitettiin. Vuonna 1961 Työeläkelait

astuivat voimaan. Vuonna 1963 Sairasvakuutuslaki ase-
tettiin. Vuonna 1968 ministeriön nimi vaihtuu Sosiaali- ja
terveysministeriöksi. Tutkimusosasto perustettiin ja ter-
veydenhuolto tuli ministeriön alaisuuteen.

1970-luvulla perusterveydenhuollon kehittäminen kiihtyi,
ja terveyskeskusjärjestelmä otettiin käyttöön 1972. Ter-
veyskeskukset tarjosivat perusterveydenhuollon palveluita
kaikille kansalaisille. 1970-luvulla kunnallinen sosiaali- ja
terveydenhuolto vahvistui. Sairaalaverkosto laajeni ja eri-
koissairaanhoidon palvelut tulivat paremmin saataville.
Työterveyshuolto, kansanterveystyö, lasten päivähoito ja
terveyskasvatus olivat kehityksen alaisia. Vuonna 1972
Kansanterveyslaki astui voimaan ja terveyskeskusten pe-
rustaminen alkoi, hammashuolto kehittyi ja vuonna 1976
säädettiin Tupakkalaki.

1980-luku oli kasvun vuosikymmen. Sosiaalihuoltolaki as-
tui voimaan, palvelut, suunnittelu, lasten elatus, vanhus-
palvelut ja kotipalvelut kehittyivät. Tasa-arvovaltuutettu
aloitti toimintansa. Valtionosuusuudistus toteutettiin ja
vuonna 1987 Tasa-arvolaki säädettiin. Sosiaalihuoltolaki

(1982) määritteli sosiaalihuollon palvelut ja velvoitteet kunnille ja vuonna 2014 uudistettiin Sosiaalihuoltolaki (1301/2014). Viimeisin säädetty laki on vuodelta 2022. (29.12.2022/1280). Sosiaalihuollon ja terveydenhuollon palveluita alettiin tehostaa ja integroida paremmin toisiinsa. 1980-luvulla terveydenhuollon tietojärjestelmien kehittäminen alkoi, mikä paransi tiedonkulkua ja palveluiden koordinointia.

1990-luku oli taantuman ja kansainvälistymisen aikakautta. Suomessa oli lama, sen seurauksena oli työttömyys ja syrjäytyminen. 1990-luvulla talouslama pakotti tehostamaan julkisia palveluita, mikä johti rakenteellisiin muutoksiin ja resurssien tarkempaan kohdentamiseen.

Kuntien rooli palveluiden järjestäjänä ja tuottajana korostui. Varautuminen ikääntymiseen alkoi. Sosiaali- ja terveysalan kehitys, Sosiaaliturvan leikkaukset ja uudistukset ovat kehityksen aiheita. Vuonna 1991 Kuntoutuslainsäädäntö säädettiin ja kuntoutus monipuolistui. Vuonna 1995 alkoi Kansallisen ja EU-tason sosiaali- ja terveyspolitiikan yhteensovittaminen.

2000-luvun muutokset

2000-luku oli muuttuvan ikärakenteen aikaa, eläkeuudistus, ennaltaehkäisy, syrjäytyminen, ruokaturvallisuus ja terveyden edistäminen olivat ajankohtaisia.

Kunta- ja palvelurakenneuudistus ja kansallinen sosiaali- ja terveydenhuollon kehittäminen olivat ajankohtaisia. Vuonna 2005 hoitotakuu tuli osaksi kansallista terveysohjelmaa sekä samana vuonna Työeläkejärjestelmän uudistamista jatkettiin.

2010-luku oli Sote-uudistuksen vuosikymmen. Vuosikymmenellä oli säästö- ja leikkaustarpeita. Maahanmuutto, rakennemuutokset, asiakaslähtöisyys ja osallisuus olivat vuosikymmenellä esillä. Vuonna 2017 Työeläkeuudistus tuli voimaan asteittain. Vuoden alusta 2023 Sote-palveluiden uudistus astui voimaan.

Suomalaisten terveys 2000-luvulla

Suomalaisten terveydentila on parantunut 2000-luvulla. Suomalaisten eliniän odote on vajaassa sadassa vuodessa pidentynyt noin 25 vuodella. Miesten elinajanodote on 76 vuotta, naisten 82 vuotta. Väestöryhmien väliset hyvinvointi- ja terveyserot sen sijaan ovat pysyneet ennallaan tai jopa hieman kasvaneet. Erot näkyvät sosioekonomisten ryhmien, alueiden ja sukupuolten välillä kuolleisuudessa, sairastavuudessa, toimintakyvyssä ja koetussa terveydentilassa. Väestörakenteessa suurin muutos on ikääntyminen. Useat perinteiset kansantaudit ovat vähentyneet, mutta tilalle on tullut uudentyyppisiä terveysongelmia. Elintapoihin liittyvät sairaudet lisääntyvät. Mielenterveyden häiriöt ja päihteiden käyttö on lisääntynyt. Suomalaisten yleisin kansantauti on diabetes, jota sairastaa yli puoli miljoonaa suomalaista. Syöpään sairastuneiden määrä on hieman kasvanut, mutta sairauden ennuste on jatkuvasti parantunut. Alkoholin kulutus kasvoi vuoden 2004 veronalennuksen ja tuontirajojen poistamisen jälkeen, minkä vuoksi alkoholista aiheutuvat haitat ja kuolemat yleistyivät. Alkoholin kokonaiskulutus on ollut laskussa vuodesta 2007. Huumeiden käyttö on lisääntynyt, varsinkin koronavuosien aikana.

Lähivuosina Suomen terveydenhuolto uudistetaan kokonaisuudessaan vastaamaan 2000-luvun terveyden ja hyvinvoinnin haasteita. Uudistuksilla halutaan varmistaa tulevaisuuden kannalta riittävän vahvat ja elinvoimaiset kunnat, jotta väestölle voidaan tarjota yhdenvertaisia ja laadukkaita palveluja koko maassa. Terveyspalveluilla voidaan parantaa väestön terveyttä. Siihen vaikuttavat huomattavan paljon myös monet muut tekijät, kuten elin- ja työolosuhteet, koulutus, toimeentulo ja elintavat, elinympäristö ja kulttuuri, terveyskäyttäytyminen sekä osallisuus ja yhteisöllisyys. Vaikuttamalla näihin tekijöihin voidaan parantaa merkittävästi väestön terveyttä sekä vähentää sosioekonomisia terveyseroja. Lainsäädäntö, veropolitiikka ja palvelujen kohdentaminen ovat tärkeitä keinoja. (Sosiaali- ja terveysministeriö 2013). (Terveydenhuolto Suomessa. Sosiaali- ja terveysministeriö Helsinki 2013.)

2000-luvulla digitalisaatio on edennyt merkittävästi, ja sähköiset potilastiedot sekä terveydenhuollon tietojärjestelmät ovat parantaneet hoidon laatua ja tehokkuutta. Sähköiset reseptit ja Kanta-palvelut ovat tuoneet uusia mahdollisuuksia terveydenhuollon palveluiden tarjoamiseen.

Sote-uudistus (sosiaali- ja terveydenhuollon uudistus) on ollut ja on edelleen merkittävä keskustelunaihe. Uudistuksen tavoitteena on parantaa palvelujen yhdenvertaisuutta ja saavutettavuutta sekä hillitä kustannusten kasvua.

Vuonna 2021 hyväksyttiin hyvinvointialueuudistus, jonka myötä Suomeen perustettiin 21 hyvinvointialuetta, joilla on vastuu sosiaali- ja terveydenhuollon sekä pelastustoimen palveluista. Tämä astui voimaan vuoden 2023 alussa.

Suomen sosiaali- ja terveydenhuollon kehitys on ollut pitkä prosessi, jossa on pyritty parantamaan palveluiden laatua, saatavuutta ja yhdenvertaisuutta. Nykyään Suomi tunnetaan korkeatasoisesta ja kattavasta sosiaali- ja terveydenhuollostaan, joka on kaikkien kansalaisten saatavilla. Digitalisaatio ja jatkuva uudistustyö ovat keskeisiä tekijöitä tulevaisuuden haasteiden kohtaamisessa. Nyt ja tulevaisuudessa on nähtävillä monia kehityksen polkuja. Työ elää murroskautta, muuttoliike on aktiivista, terveysteknologia kehittyy nopeasti, tekoälyn käyttö laajenee, genomikeskus kehittyy, digitalisaatio ja robotiikka ottavat haltuunsa uusia alueita. Uudet haasteet ja mahdollisuudet ovat tätä päivää. (STM 2017.)

Useita lakeja on kumottu ja tilalle on määritelty uudistettuja lakeja. Ajantasaiset lainsäädännöt löytyvät www. Finlexpalvelu.fi.

Lähteet

Bonsdorff, B. von. 1975. The History of Medicine in Finland 1828-1918. Helsinki: Societas Scientiarum Fennica, 266.

Hakanen, J. & Kaltiainen, J. 2022. "Työuupumuksen arviointi, Burnout Assessment Tool (BAT) – menetelmällä", Työterveyslaitos.

Halmekoski, J. 2011. Orjamarkkinat - Huutolaislasten kohtaloita Suomessa. Ajatus Kirjat, Helsinki.

Harjula, M. 2007. Terveyden jäljillä. Suomalainen terveyspolitiikka 1900-luvulla. Tampere: Tampere University Press.

Häkkinen, U. 2005. Impact of Changes in Finland's health care system, Health Economics 14 (1), 101–118.

Ignatius, J. 2000. Lääketieteet. Teoksessa Tommila, Päiviö (toim.), Suomen tieteen historia 3. Luonnontieteet, lääketieteet ja tekniset tieteet. Helsinki: WSOY, 502-607. 510 – 511.

Joutsivuo, T. 1995. Terveys keskiajan lääketieteessä Lääketieteellinen Aikakauskirja Duodecim 1995;111(1):32-36.

Järvelin, J. 2002. Health Care Systems in Transition: Finland. European Observatory on Health Care Systems 4 (1), 15.

Järvinen, P. 2020. Tebatti: Eläkeläisiä kohdellaan harmaana massana.

Kaarninen, M. 2000. Murros ja mielikuva. Tampereen yliopisto 1960-2000. Porvoo: WS Bookwell Oy.

Kaarninen, P. & Kiuasmaa, K. 1988. Tampereen keskussairaalan historia 1962-1987. Tampere: Tampereen yliopistollinen keskussairaalaliitto, 7-9, 8-9, 21.

Karasek, R. 1979. Job demands, job decision latitude, and mental strain: Implication for job resesign. Administrative Science Quartely, 24(2), 285–308.

Keskussairaalalaki. 1943. Keskussairaalalaki. Suomen asetuskokoelma 413/1943. Helsinki.

Korppi-Tommola, A. 1990. Terve lapsi–kansan huomen. Mannerheimin Lastensuojeluliitto yhteiskunnan rakentajana 1920–1990. Gummerus, Jyväskylä.

Kouvalainen, K. 1995. Neuvolatoimintojen haasteet ja uhat. Katsaukset. Lääketieteellinen Aikakauskirja Duodecim 1995;111(1):32- 36.

Kouvalainen K. 1993. Lastentautiopin kehitysnäkymiä. Sairaalalääkäri, 3: 23–28.

Lääkintöhallitus: Lastenneuvolaopas. Lääkintöhallituksen opassarja Nro 7. VAPK-kustannus, Helsinki 1990.

Maslach, C. & Leiter, M. 1997. The truth about burnout. How organisations cause personal stress and what to do abot it. Jossey –Bassa Publishers, San Francicso.

Nenonen, Teerijoki.1998. Historian suursanakirja, s. 392. WSOY.

Nurmi, T. 2005. Elämää huutolaisina. Elämäkerrallinen tutkimus kahden huutolaislapsen elämästä. Pro gradu -tutkielma, Turun yliopisto, kansatiede.

Peltola, H: Lastenneuvola- ja koulurokotukset. Kirjassa: Lasten infektiosairaudet. s. 211–218. Toim. O Ruuskanen, H Peltola ja T Vesikari. Lastentautien Tutkimussäätiö, Helsinki 1993.

Pesonen, N. 1964. Suomen sairaaloita. WSOY.

Pesonen, N. 1980. Terveyden puolesta - sairautta vastaan. Porvoo: WSOY.

Pesonen, N. 1990. Piirilääkärinä Suomessa 1800-luvulla, WSOY, 5-6.

Puska, P. 2010. Kroonisten kansantautien ehkäisy 2010-luvulla – mitä olemme oppineet neljän vuosikymmenen aikana? Teoksessa: Ståhl, T & Rimpelä, A. (toim.) Terveyden edistämisen tutkimuksen ja päätöksenteon haasteena. Terveyden- ja hyvinvoinnin laitos. Helsinki: Yliopistopaino, 55.

Rajantie J, Sihvola S, Lappi, R, Perheentupa, J. 1993. Lasten ja nuorten terveydentila 1990-luvun Suomessa. Mannerheimin Lastensuojeluliitto, Jyväskylä.

Ristola, M. 2019. Kunnanlääkärijärjestelmän kehittämisen vaikutus kuolleisuuteen Suomen maaseudulla vuosina 1880- 1900. Pro gradu. Helsingin yliopisto: Valtiotieteellinen tiedekunta Talous- ja sosiaalihistoria.

Saarivirta, T. Dhondt, P & Consoli, D. 2010. Suomen terveydenhuoltojärjestelmän ja sairaaloiden kehittyminen. Vaatimattomista oloista modernin terveydenhuollon eturintamaan. Kasvatus & Aika. 3(4).

Sihvola, S. 1994. Lapsen terveys ja lapsiperheiden hyvinvointi. Sosiaalipediatrinen tutkimus suomalaisesta lapsesta. Mannerheimin Lastensuojeluliitto, Helsinki.

Siivola, U. 1985. Terveyssisar kansanterveystyössä. Helsinki: WSOY.

Siivola, U. 1985. Terveyssisar kansanterveystyössä, s. 92–103. WSOY, Porvoo.

Sorvettula, M. 1998. Johdatus suomalaisen hoitotyön historiaan. Jyväskylä: Suomen sairaanhoitajaliitto.

Sosiaali- ja terveyskertomus 2006. Sosiaali- ja terveysministeriön julkaisuja 2006:4. Helsinki.

STM. 2013. Sosiaali- ja terveysministeriön esitteitä 2, Terveydenhuolto Suomessa. Sosiaali- ja terveysministeriö, Helsinki.

STM. 2024. Sosiaalihuoltolain soveltamisopas 2024 Sosiaali- ja terveysministeriön Julkaisuja 2024:13. Helsinki.

STM. 2022. Sosiaalihuoltolain soveltamisopas.

STM, Kansallinen Ikäohjelma vuoteen 2030 -tavoitteena ikäkyvykäs Suomi. 2020.

Stranius, P. 2017. Huutolaistytön tarina. Tiedonantaja.

Suonsivu, K. 2023. Uupumus mielen hyvinvoinnin ongelmana. BoD -Books on Demand, Helsinki, Suomi.

Suonsivu, K. 2021. Työhyvinvointi osana henkilöstöjohtamista. 4. painos. UniPress Oy.

THL. 2008. Sydän ja verisuonisairauksien ja diabeteksen asiantuntijaryhmän raportti 2008. Kansanterveyslaitoksen julkaisuja 2. Helsinki.

Tuuteri, L. 1998. 1000 päivää Itä-Karjalassa: Itä-Karjalan siviiliväestön terveyden- ja sairaanhoito suomalaismiehityksen aikana 1941-1944. Recallmed Oy.

Vauhkonen, O. 1992. Terveydenhuollon historia. Jyväskylä: Gummerus, 239.

Vesterbacka, K. 2017. Hiljainen kuin vesi ja matala kuin ruoho. Huutolaistytön selviytymistarina. Warelia.

Vuorinen, H. S. 2002. Tautinen historia. Tampere: Vastapaino.

Vuorinen, H.S. 2006.Tautinen Suomi 1857–1865. Tampere: University Press.

Vuorio, K. 2006. Lentoon. Kuopion yliopiston neljä vuosikymmentä. Kuopio: Kuopion yliopisto.

WWW - SIVUT

https://european-union.europa.eu/index_fi.Viitattu 17.7.2024.

http://hiiskuttua.utu.fi2015/04koleranpelkoa-1800-luvunturussa/Paasikivi, S. Artikkeli. Julkaistu 14.4.2015. Koleranpelkoa 1800-luvun Turussa. Viitattu 17.7.2024

https://www.julkari.fi/bitstream/handle/10024/104557/URN_ISBN_978-952-00-3389 7.pdf?sequence=1. Viitattu 3.8.2024.

https://www. Kalmistopiiri.fi.2021. Viitattu 15.7.2024.

http://www. Lääkäriliitto 2008.fi. Lääkärien määrän kehitys vuosina 1900-2008. laakariliitto.fi/tilastot/laakaritilastot/kehitys.html. Viitattu 7.7.2024.

www.Sosiaali- ja terveysministeriön tiedote.fi. 2023. Haettu 17.7.2024

https://www.stm.fi/soteuudistus.fi 2022. Viitattu 16.5.2024

https://www.Sosiaali- ja sosiaaliministeriö.fi 2024:13. Viitattu 2.8.2024

239

www.Studio55.fi/Tuuli Lindgren. Haettu 17.7.2024

Suomen malli. Sosiaali- ja terveydenhuolto viidelle sote-
alueelle. Sosiaali- ja terveysministeriö 2023.
https://www.pori.fi/material/attachments/vies-
tinta/E6OWlQAMb/Maija_Kytta_Pori_20_5_201 4.pdf. Vii-
tattu 2.8.2024.

www.Suomen Punainen Risti.fi. 2024. Viitattu 2.8.2024.

STM.2017. Sosiaali- ja terveysministeriö 100 vuotta.fi. Lu-
ettu 2.8.2024.

www.Teperi, J. & Vuorenkoski, L.fi. 2005. Terveys ja ter-
veydenhuolto Suomessa toisen maailmansodan jälkeen
Viitattu17.7.2024.

www. Wikipedia. fi. 2024. Viitattu 17.7.2024.

www.Vapaa tietosanakirja.fi. 2024. Viitattu 17.7.2024.

Lait saatavilla: https://www.finlex.fi